HEYNE <

Der Autor

Seinen Kinder versprach Matthias Müller-Michaelis, neben seinen
Ratgebern zu den Themen Geld, Steuern und Recht auch Bücher für
Kinder zu schreiben. Neben diesem erschienen bereits »Kinderquiz
für schlaue Köpfe« und »Warum ist die Banane krumm?« sowie
»Spiel und Spaß mit Autokennzeichen«.

Hinweis

Das vorliegende Buch ist sorgfältig erarbeitet worden. Dennoch
erfolgen alle Angaben ohne Gewähr. Weder der Autor noch der
Verlag können für eventuelle Fehler oder Schäden, die aus den im
Buch gegebenen praktischen Hinweisen resultieren, eine Haftung
übernehmen.

Matthias Müller-Michaelis

Survival
Buch für Kids

→ Altes Pfadfinderwissen neu entdecken
→ Von Kartenlesen bis Höhlenbauen
→ Basis-Know-how, Tipps und Tricks

WILHELM HEYNE VERLAG
MÜNCHEN

HEYNE RATGEBER
08/5440

Umwelthinweis:
Dieses Buch wurde auf chlor- und säurefreiem Papier gedruckt.

Taschenbuchausgabe 03/2004
Copyright © 2001 by Econ Ullstein List Verlag GmbH & Co. KG, München
Copyright © 2004 der Taschenbuchausgabe by
Wilhelm Heyne Verlag, München,
in der Verlagsgruppe Random House GmbH
http://www.heyne.de
Printed in Germany 2004
Illustrationen: Detlef Seidensticker, München
Umschlagfoto: Getty Images/James Schnepf
Umschlaggestaltung: Eisele Grafik-Design, München
Satz: Schaber Satz- und Datentechnik, Wels
Druck und Bindung: Ebner & Spiegel, Ulm

ISBN 3-453-87437-4

INHALTSVERZEICHNIS

Statt eines Vorworts:

Der Pfadfinder-Ehrenkodex 7

Die Grundregeln 7
Auf den Spuren der ersten Pfadfinder 9
Computerspiele: Keine echten Abenteuer 10

Der Survival-Kit:

Was ihr zum Überleben in der Natur braucht . 13

Zwischen Spiel und Ernst 14
Der Wetterbericht: Selbst gemacht 21
Den Weg finden – auch im Dunkeln 26
Unverzichtbar: Die Landkarte 33
Geheime Wegzeichen 40

Eine feine Kunst:

Spuren lesen und Signale senden 43

Tierfährten und Fußabdrücke 44
Signale statt Worte 47

Leben in der Wildnis:

Was ihr von Indianern lernen könnt 55

Die richtige Behausung 56
Pionierbauten und Flöße 62
Knoten und Bünde 69

Zu Tisch in der Natur:

Wenn der kleine und der große Hunger kommen   73

Frisches aus dem Wald 74
Lagerfeuer für die Abenteuerküche 75
Überleben ohne Vorräte 98
»Wilde« Arznei 108

Die Kräfte messen:

Spiel, Spannung und Spaß 121

Spiele mit Steinen und Kieseln 122
Spiele nach dem Regen 127
Wettspiele für kleine und große Gruppen 129
Indianerwitze und Indianersprüche 143
Indianerspiele für kleine und große Gruppen 147

Gefahr im Verzug:

Wie ihr gefährliche Situationen meistert . . . 159

Unglücksfälle und Ausnahmesituationen 160
Eingekreist von Feuer? 176
Verletzt oder krank: Das Erste-Hilfe-Abc 178

Register 221

Bildnachweis 224

Statt eines Vorworts:

Der Pfadfinder-Ehrenkodex

Wir Menschen sind nur Gast in der Natur. Die freie Natur ist eine Oase für Menschen und Tiere. Damit wir – und nach uns noch viele andere – Freude an sauberer Luft, grünen Bäumen, blühenden Pflanzen und ungestörten Tieren haben, müssen für uns einige Verhaltensweisen selbstverständlich werden.

DIE GRUNDREGELN

→ Wir achten und lieben die Lebewesen in der Natur; dazu gehören alle Pflanzen ebenso wie alle Tiere. Auch wenn sich der ein oder andere vielleicht vor Spinnen und Käfern ekelt, stören oder töten wir sie nicht.

→ Wir schneiden keine Blumen, Sträucher oder Äste ab. Auch als Baumaterial für Flöße oder Hütten verwenden wir nur, was bereits von der Natur auf den Boden geworfen wurde, z. B. beim letzten Sturm.

→ Wir reißen keine Pflanzen aus der Erde und achten bei unseren Wanderungen darauf, dass wir keine Pflanzen zertreten.

→ Wir werfen keinen Abfall oder Müll ins Gelände oder in Gewässer, sondern nehmen ihn zur Entsorgung mit nach Hause.

→ Wenn wir Abfall sehen, den andere hinterlassen haben, entsorgen wir ihn, und zwar am besten so, dass die Schmutzfinken es noch mitbekommen. So zeigen wir ihnen ohne Worte, dass wir bessere Manieren haben als sie – und die Natur nicht nur genießen, sondern sie auch schützen.

Statt eines Vorworts

→ Wir jagen, hetzen und verscheuchen keine Tiere, denn wir sind nur Besucher in ihrem Zuhause.
→ Wir angeln nur solche Fische, die wir später auch wirklich zubereiten und essen wollen.
→ Wir zerstören keine Tierbehausungen, auch wenn es den Anschein hat, dass ihre Bewohner sie verlassen und aufgegeben haben.
→ Wenn wir ein verletztes Tier finden, versuchen wir zu helfen, sofern wir uns nicht selbst in Gefahr begeben. Wenn möglich, bringen wir es zum Tierarzt oder Jagdaufseher oder bitten sie um ihre Hilfe.
→ Wir machen niemals Lagerfeuer im Wald, sondern nur am Ufer eines Gewässers. Falls wir ausnahmsweise auf einer sandigen Lichtung ein Feuer entzünden (niemals bei großer Trockenheit im Sommer!), halten wir es klein und haben vorher schon neben der Feuerstätte ausreichend Sand zum Löschen bereitgelegt.
→ Wir nehmen Rücksicht auf andere Menschen, die genauso wie wir die Stille oder auch Einsamkeit der Natur genießen wollen.

Die mit diesen Grundregeln verbundenen Einschränkungen besagen natürlich keineswegs, dass für euch jeglicher Spaß im Freien verboten ist – im Gegenteil. Gott hat die Natur erschaffen, damit sich alle an ihr erfreuen können. Wenn wir mit den Lebewesen der Natur respektlos und zerstörerisch umgehen, missachten wir Gott und unsere Mitmenschen.
Nicht jeder glaubt an Gott oder fragt sich, was der denn mit den Abenteuern in der Natur zu tun hat. Doch es gibt einen guten Grund, ihn an dieser Stelle zu erwähnen. Denn vor rund 100 Jahren erkannten die Pfadfinder die vielfältigen Zusammenhänge des Lebens in der freien Natur. Damit diese nicht in Unordnung gebracht wurden, entwickelten sie verschiedene Grundsätze, auf die wir gleich noch zu sprechen kommen. Von

Der Pfadfinder-Ehrenkodex

den daraus abgeleiteten Tugenden stammen einige sogar noch aus der Ritterzeit des frühen Mittelalters. Dazu gehörte insbesondere auch der Glaube an Gott oder eine andere Religion. Jeder sollte Gott nicht nur in der Kirche, sondern auch in den Wundern der Natur finden.

AUF DEN SPUREN DER ERSTEN PFADFINDER

Der Gründer der Pfadfinder war der Engländer Robert Baden-Powell (1857–1941). In seinem Buch »Scouting for boys« (scout = Pfadfinder) hat er seine Erfahrungen mit der ersten von ihm im Jahr 1907 gegründeten Pfadfindergruppe beschrieben.

Die bunt zusammengewürfelte Schar von 22 Jungen aus ganz verschiedenen Gesellschaftsschichten schlug auf der kleinen britischen Insel Brownsea Island ein Zeltlager auf. Die Jungen wurden in fünf Gruppen (Patrouillen) eingeteilt, jede mit einem Anführer, der die volle Verantwortung für seine Mannschaft hatte. Jede Patrouille bildete eine Einheit für Arbeit, Ausbildung und Spiel.

Die Jungen lernten, spielerisch in der freien Natur zu überleben – ohne besondere technische Hilfsmittel. Dabei konnten sie ihre Kräfte messen, ihre persönlichen Grenzen spüren und immer neue, spannende Erfahrungen machen. Sie lernten, auf andere Rücksicht zu nehmen, demokratisch miteinander umzugehen.

Wäre Robert Baden-Powell ein Zeitgenosse, würde er vielleicht sagen: »Die Jungs sind eine geile Truppe aus lauter tollen Typen.« Aber damals hat man noch nicht so locker gesprochen – und erst recht nicht geschrieben. Trotzdem zeigen die folgenden drei Zitate von Robert Baden-Powell ziemlich treffend, was wir von den Abenteuern in der freien Natur zu erwarten haben:

➜ »In Gottes freier Natur leben, zwischen den Hügeln und Bäumen, den Vögeln und Tieren, den Meeren und Flüssen – das ist mit der Natur leben, sein eigenes kleines Zelt haben, selbst kochen und entdecken. Das alles gibt Gesundheit und Glück, wie man es niemals zwischen den Backsteinen und dem Rauch der Stadt findet.«

➜ »Auch eine Wanderung, bei der man weit herumkommt, jeden Tag neue Orte entdeckt, ist ein herrliches Abenteuer. Sie stärkt und härtet dich ab, sodass dir Wind und Regen, Hitze und Kälte nichts ausmachen. Du nimmst alles, wie es kommt, und hast dabei dieses Gefühl von Fitness, das dich befähigt, jeder Schwierigkeit mit einem Lächeln ins Gesicht zu sehen, wohl wissend, dass du am Ende siegen wirst.«

➜ »Die Pfadfinderei ist ein vortreffliches Spiel, wenn wir unsere ganze Kraft hineinlegen und es richtig und mit echter Begeisterung anpacken. Wenn wir es so spielen, so werden wir, genau wie bei anderen Spielen, merken, dass wir dabei Kraft gewinnen an Körper, Geist und Seele.«

COMPUTERSPIELE: KEINE ECHTEN ABENTEUER

Zugegeben: Heute klingen die Zitate ein bisschen komisch – vor allem für Stubenhocker, die die Natur nur aus dem Fernsehen kennen. Die können sich gar nicht vorstellen, dass es noch interessantere Sachen gibt als irgendwelche immer gleichen Computerspiele. Okay – die finden es spannend, den nächsten Score zu erreichen. Und wenn nicht, passiert ihnen auch nichts.

Pfadfinder finden es allerdings spannender, eine Hütte zu bauen und dann zu sehen, ob das Dach beim nächsten Regen auch wirklich dicht ist. Und im Gegensatz zum Stubenhocker vor seinem Computer tragen sie noch ein echtes Risiko: nass zu werden, wenn ihr Hüttendach nicht dicht ist ...

Pfadfinder gibt es übrigens auch heute noch, z. B. in vielen Pfarrgemeinden. Und heute wie früher kann jeder mitmachen, ganz gleich, wo er herkommt, welche Hautfarbe und Religion er hat, ob er arm oder reich ist.

Auch der Ehrenkodex der Pfadfinder hat sich nicht verändert – selbst wenn manches etwas altmodisch klingen mag.

Wenn ihr euch ihn aber näher anseht, merkt ihr bald, dass die Regeln ganz schön clever sind, denn sie ermöglichen den Menschen ein harmonisches Zusammenleben, unabhängig von Land, Kultur, Hautfarbe oder Religion.

Um Abenteuer in der Natur zu erleben, ist es zwar nicht unbedingt notwendig, sich einer Pfadfindergruppe anzuschließen. Aber gemeinsam macht es mehr Spaß, man kann von den anderen lernen. Wenn du gerne Pfadfinder werden möchtest, aber keine schon bestehende Gruppe findest, versuche, ein paar Freunde zu ge-

Der Pfadfinder-Ehrenkodex

- **Der Pfadfinder ist treu.**
- **Auf die Ehre eines Pfadfinders kann man bauen.**
- **Der Pfadfinder ist hilfsbereit.**
- **Der Pfadfinder ist Freund aller Menschen und Bruder aller Pfadfinder.**
- **Der Pfadfinder ist höflich und ritterlich.**
- **Der Pfadfinder schützt Pflanzen und Tiere.**
- **Der Pfadfinder ist kritikfähig und verantwortungsbewusst.**
- **Der Pfadfinder überwindet auftretende Schwierigkeiten leicht.**
- **Der Pfadfinder ist fleißig und sparsam.**
- **Der Pfadfinder ist rein in Gedanken, Worten und Werken.**
- **Der Pfadfinder ist allzeit bereit, im Rahmen seiner geistigen und körperlichen Fähigkeiten seine Pflicht nach den Pfadfindergesetzen zu erfüllen.**
- **Der Pfadfinder bemüht sich, jeden Tag eine gute Tat zu vollbringen.**

winnen, mit denen du Lager aufbauen und ein Wochenende oder einige Tage in der freien Natur verbringen kannst.

Dann werdet ihr schnell merken, dass ein paar Regeln unverzichtbar sind, um es überhaupt länger als einen Tag miteinander auszuhalten. Von den erprobten traditionellen Grundsätzen der Pfadfinder abgesehen, könnt ihr natürlich zusätzlich eigene Regeln aufstellen. Und wenn ihr dann noch einen Clubnamen findet, ein einheitliches Grußzeichen, ein Clublied und eine eigene Geheimsprache, dann seid ihr ein echtes Team. Am wichtigsten aber ist das Gefühl, sich jederzeit auf den anderen verlassen zu können, ganz gleich, welche Abenteuer es zu bestehen gibt. Viel Spaß dabei!

Gisela Haupt und Matthias Müller-Michaelis

Der Survival-Kit:
Was ihr zum Überleben in der Natur braucht

ZWISCHEN SPIEL UND ERNST

Auch wenn es bei euren Abenteuern in der Natur nicht wirklich gefährlich werden soll – eine »Überlebensausrüstung« braucht ihr trotzdem, um in Wind und Wetter bestehen und die sich euch stellenden Aufgaben lösen zu können. Das Wort »survival« kommt aus der englischen Sprache und heißt »Überleben«. In der deutschen Umgangssprache drückt man damit die Kunst aus, sich ohne fremde Hilfe aus einer scheinbar hoffnungslosen Situation befreien zu können. So eine Situation kann z. B. auftreten:

➜ Bei plötzlichem Unwetter
➜ Wenn eure Nahrungsvorräte ausgegangen sind
➜ Wenn ihr plötzlich einem wilden Tier gegenübersteht
➜ Wenn ihr in Seenot geratet
➜ Wenn ihr auf einer unbewohnten Insel strandet

Natürlich werden viele dieser Notsituationen nie oder kaum eintreten. Aber man kann Notsituationen ja auch spielen und so tun, als ob man sich dann gegenseitig helfen muss. Und dabei kann man tatsächlich spannende Abenteuer in der Natur bestehen.
Die Pfadfinder lernen in den Zeltlagern, sich aus solchen Ausnahme- oder Extremsituationen selbst zu befreien, auch wenn es nur aus Spaß oder sportlichem Ehrgeiz geschieht. In jedem Fall stärkt es euer Selbstvertrauen und Verantwortungsgefühl. In einem aktiven Abenteuerurlaub im Freien lernt ihr, wie ein Waldmensch oder Indianer zu leben. Ganz nebenbei beginnt ihr, Aufgaben zu lösen, die eure Kraft und euren Erfindungsreichtum fordern. Und schnell werdet ihr merken, dass ihr die Abenteuer oder das Spiel mit Notsituationen nur gewinnen könnt, wenn ihr nicht gegen die Natur kämpft, denn die Natur ist euer Freund und Helfer. Wer ihre Geheimnisse enträtselt und wem es gelingt, sie zu seinem Verbündeten zu machen, kann ihre Kräfte für seine Zwecke einsetzen.

Was ihr zum Überleben in der Natur braucht

Abenteuer in der freien Natur fordern die Phantasie der jungen Pfadfinder heraus. Dabei ist die Natur ihr natürlicher Verbündeter.

Gerüstet für Abenteuer

Natürlich macht es einen Unterschied, ob ihr nur ein paar Stunden, einen Tag, ein Wochenende oder für längere Zeit, z. B. in den Ferien, in der Natur unterwegs sein wollt. Außerdem sind immer die Jahreszeit und das Klima zu berücksichtigen. Doch ganz gleich, wie lang oder kurz der Ausflug in die »raue Wildnis« auch sein mag: Auf Abenteuer und Notfälle sollte man immer vorbereitet sein.
Mit der richtigen Ausrüstung ist es kein Problem, ein paar Tage in der Wildnis zu verbringen.
Dazu gehört, dass ihr in echten Notsituationen Hilfe rufen könnt, das heißt, ihr müsst vorher eine Liste mit Notrufnummern aufstellen. Sie können überlebenswichtig sein. Die sollte jeder von euch griffbereit haben, entweder auf einem Zettel notiert oder im Handy eingespeichert, und zwar:
→ Telefonnummer der Eltern oder von zwei sicher erreichbaren Verwandten
→ Telefonnummer von Ärzten und Krankenhäusern in der Nähe
→ Telefonnummer des Rettungsdienstes und des Rettungshubschraubers
→ Telefonnummer der Bergwacht, der Wasserwacht, der Feuerwehr, der Polizei
→ Telefonnummer der Informationszentrale für Vergiftungen.

Damit euch im echten Notfall schnell geholfen werden kann, solltet ihr außerdem eure Blutgruppe kennen sowie den Impfpass (Seite 178 f.) und – wenn nötig – einen Allergiepass bei euch tragen. Doch das ist natürlich noch längst nicht alles,

Der Survival-Kit

was ihr als Pfadfinder zum Survival braucht – die Ausrüstungs-Checkliste gibt euch einen Überblick.

Die Ausrüstungs-Checkliste

Ausrüstung, Gegenstand	Einmal für die Gruppe	Für jeden Einzelnen	Wann	Gepackt?
Adress- und Telefonliste	muss	muss	immer	❏
AB-Päckchen (1)	–	muss	immer	❏
Badezeug und -schuhe	–	kann	Sommer	❏
Brustbeutel	–	muss	immer	❏
Chronik (2), Tagebuch	kann	kann	immer	❏
Essbesteck, Teller, Brett	–	muss	immer	❏
Fahrtenapotheke	muss	–	immer	❏
Fahrten- oder Taschenmesser	–	muss	immer	❏
Fernglas	–	kann	immer	❏
Fotoapparat mit Filmen	muss	kann	immer	❏
Geheimtinte	–	kann	immer	❏
Geschirrtücher	muss	–	immer	❏
Gummistiefel	–	muss	immer	❏
Halstuch	–	kann	immer	❏
Handtuch	–	muss	immer	❏
Handy	muss	kann	immer	❏
Heliograph (3)	–	kann	immer	❏
Höhenmesser (4)	kann	–	immer	❏
Hosen, Jacke(n)	–	muss	immer	❏
Impfpass	–	muss	immer	❏
Insektensalbe	–	muss	Sommer	❏
Isomatte, Schlafsack	–	muss	immer	❏
Kamm oder Bürste, Spiegel	–	muss	immer	❏
Kocher, Gaspatronen	muss	–	immer	❏
Kochgeschirr, Hordentopf (5)	muss	–	immer	❏

Was ihr zum Überleben in der Natur braucht

Ausrüstung, Gegenstand	Einmal für die Gruppe	Für jeden Einzelnen	Wann	Gepackt?
Müllbeutel	muss	muss	immer	❑
Münzgeld, Telefonkarte	muss	muss	immer	❑
Mütze, Kappe	–	muss	immer	❑
Pullover	–	kann	immer	❑
Regenjacke	–	muss	immer	❑
Reiseproviant	muss	muss	immer	❑
Rucksack	–	muss	immer	❑
Schneeanzug	–	muss	Winter	❑
Schuhe, Stiefel, Putzzeug	–	muss	immer	❑
Seife	–	muss	immer	❑
Seife, Zahnbürste, -pasta,	–	muss	immer	❑
Seil	muss	kann	immer	❑
Shampoo	–	muss	immer	❑
Skibrille	–	muss	Winter	❑
Sonnenbrille	–	muss	Sommer	❑
Sonnenschutz, Hautcreme	–	muss	immer	❑
Strümpfe und Socken	–	muss	immer	❑
Survival-Werkzeug (6)	muss	kann	immer	❑
Taschenlampe, Batterien	–	muss	immer	❑
Taschentücher, WC-Papier	–	muss	immer	❑
Tasse, Trinkbecher	–	muss	immer	❑
T-Shirts	–	muss	immer	❑
Uhr	–	muss	immer	❑
Unterwäsche	–	muss	immer	❑
Verbandskasten, -zeug	muss	muss	immer	❑
Wanderkarte, Kompass	muss	kann	immer	❑
Wassersack	muss	–	immer	❑
Wecker	muss	kann	immer	❑
Zelt, Zeltbahn, Zubehör	muss	kann	immer	❑

Der Survival-Kit

Auf den Seiten 16 und 17 sind alle wichtigen Teile einer typischen Grundausrüstung aufgelistet. Jedes Gruppenmitglied ist verantwortlich dafür, dass die in der ersten Spalte genannten Gegenstände gepackt sind.

Je nach Vorhaben (Dauer, geplante Aktivitäten) können weitere Ausrüstungsteile notwendig sein (Schwimmwesten, Karabinerhaken, Werkzeuge).

Sprecht das vorher durch, und ergänzt die Liste. Schreibt auch persönliche Ausrüstungsteile dazu, die euch besonders wichtig sind. Die in der Checkliste mit Ziffern versehenen Gegenstände werden jetzt erläutert.

AB-Päckchen (1): Damit ist das Allzeit-bereit-Päckchen gemeint: eine kleine Notfallausrüstung für jeden Abenteuerurlauber, um auf unvorhergesehene Situationen und Zwischenfälle vorbereitet zu sein. Der Inhalt dieses Päckchens muss immer überprüft, eventuell ergänzt werden. Am besten verwendet ihr eine wasserdichte Gürteltasche, in die folgende Ausrüstungsgegenstände hineingepackt werden:

→ Fahrten- oder Taschenmesser (oder das Survival-Werkzeug; wird noch erklärt)

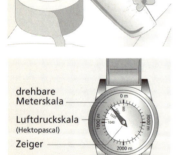
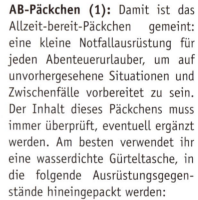

Leukoplast, Mullbinde (oben), Höhenmesser (Mitte) und Survival-Werkzeug (unten) gehören zur Grundausrüstung.

Was ihr zum Überleben in der Natur braucht

→ Pflaster, Desinfektionsmittel, Leukoplast, steril verpackte Mullbinde (Apotheke)
→ Streichhölzer oder Feuerzeug (wasserdicht verpackt)
→ Ein Stück biegsamer Draht
→ Ein sauberes Baumwolltuch (Dreiecktuch aus der Apotheke)
→ Telefonkarte und Kleingeld
→ Bleistift und Notizzettel
→ Traubenzucker und/oder Schokoriegel

Wenn die genannten Teile in eurem AB-Päckchen immer vorrätig sind, könnt ihr sie natürlich auf der großen Checkliste streichen.

Chronik (2): Dies ist ein ausführliches Tagebuch, das über einen längeren Zeitraum alle Erlebnisse der Gruppe festhält. Nach jedem Gruppentreffen oder jeder Fahrt wechselt der Tagebuchschreiber (Chronist) und nimmt das Buch mit nach Hause.
In ein spannendes Tagebuch gehören auch gemalte Bilder, Fotos, getrocknete Pflanzen oder sonstige Erinnerungsstücke (z. B. Fahr- oder Eintrittskarten).

Heliograph (3): Dieses Signalgerät reflektiert mit Hilfe von zwei Spiegeln das Sonnenlicht. So können auch über größere Entfernungen Lichtsignale gegeben werden, z. B. als Morsezeichen (siehe dazu ab Seite 50). Heliographen bekommt ihr (wie alle anderen Ausrüstungsgegenstände) in Geschäften für Abenteurer- und Globetrotterbedarf. Ersatzweise kann man einen kleinen Handspiegel verwenden. Damit lassen sich ebenfalls Morsezeichen geben: Der Spiegel wird mit der rechten Hand gehalten, und mit der linken wird »gemorst«, indem man sie kurz oder lang vor den Spiegel hält und so eine Abfolge bestimmter Zeichen übermittelt. Das will allerdings ein bisschen geübt sein.

Höhenmesser (4): Dieses Gerät ist in der Größe einer Armbanduhr erhältlich. Und weil auf guten Wanderkarten auch Höhen angegeben sind, könnt ihr mit einem Höhenmesser euren jeweiligen Standort ziemlich genau feststellen. Höhenmesser zeigen die Luftdruckveränderung an – je höher man kommt, desto mehr verringert sich der Luftdruck. Dadurch dehnt sich das Messelement im Gerät aus und zeigt so die erreichte Höhe an. Auf die gleiche Weise funktionieren Barometer, mit denen Wetterkundler (Meteorologen) Luftdruckveränderungen feststellen. Deshalb könnt ihr den Höhenmesser auch zur Wettervorhersage benutzen: Zeigt er, ohne dass ihr euren Standort verändert, eine zunehmende Höhe an, deutet dies auf eine Wetterverschlechterung hin. Zeigt er trotz gleich bleibenden Standorts eine abnehmende Höhe an, dürft ihr für die nächste Zeit auf besseres Wetter hoffen.

Kochgeschirr (5): Schweres Kochgeschirr mit Töpfen und Pfannen ist für Pfadfinder unpraktisch. Viel besser eignet sich ein Allzweck- oder Hordentopf: So nennt man einen großen Topf aus leichtem Aluminium, der an seinem Henkel auch über ein offenes Feuer gehängt werden kann (gut für Suppen und Eintopfgerichte). Außerdem hat er einen Deckel, den man umdrehen und als Pfanne zum Braten benutzen kann.

Survival-Werkzeug (6): Übersetzt bedeutet dieser Begriff »Überlebenswerkzeug«. Darunter versteht man ein Multifunktionsgerät mit Messerschneide, Dosenöffner, Schraubenschlüssel, Nagelbohrer, Nagelfeile, Säge, Schraubenzieher und Flaschenöffner; es kann auch als Kompass und als Signalspiegel benutzt werden. Damit lässt es sich für noch mehr Zwecke verwenden als das weltbekannte rote Schweizer Armee-Taschenmesser. Unter dem Markennamen »Leatherman« sind ähnliche Werkzeuge erhältlich, die in einem kleinen Lederetui an den Gürtel gehängt werden können und z. B. Messerklinge,

Was ihr zum Überleben in der Natur braucht

Kombizange, Flaschen- und Dosenöffner, verschiedene Schraubenzieher und eine Ahle (Dorn mit einem Öhr zum Zusammennähen von Stoffen oder Leder) in einem Gerät bieten. Sie sind aber relativ schwer und nicht ganz billig.

DER WETTERBERICHT: SELBST GEMACHT

Um uns heute schon sagen zu können, wie morgen und übermorgen das Wetter wird, arbeiten die Profimeteorologen mit hoch komplizierten technischen Geräten. Über das ganze Land verteilt stehen ihnen außerdem Tausende von Messstationen zur Verfügung. Sie messen Windströmungen, Luftdruck, Luftfeuchtigkeit, Bewölkungsdichte, Temperatur, Strahlung, Niederschläge und Nebel. Aus all diesen Daten erstellen sie dann ihre Vorhersagen.

Doch auf diese Wetternachrichten könnt ihr ganz locker verzichten. Ausnahme: Ihr brecht zu einer Tagestour oder größeren Bergwanderung auf (siehe Seite 175). Wenn ihr eine Tageszeitung aufschlagt, werdet ihr sowieso feststellen, dass die Wettervorhersage nicht immer eintrifft. Außerdem bezieht sich die Prognose fast immer auf ein größeres Gebiet. Und solche Großwetterlagen helfen

Wenn euch ein Unwetter überrascht

- Schlagt ein Biwak – so nennt man ein behelfsmäßiges Lager – im Freien auf.
- Schützt Schlafsack oder Schlafplatz durch ein wasserdichtes Dach; dafür eignen sich Biwaksäcke oder Zeltbahnen, die an einem Seil zwischen zwei Bäume gespannt werden.
- Achtet gut auf den Untergrund: Eine Mulde oder Kuhle im Boden ist ungeeignet, da sie sich bei den zu erwartenden Regengüssen sehr schnell in einen kleinen Teich verwandeln kann.

euch ohnehin kaum, das Wetter für genau euren Zelt- oder Lagerplatz vorherzusagen.

Das eigene Wettergefühl

Deshalb ist es sicherer, ein eigenes »Wettergefühl« zu entwickeln wie die Naturvölker. Aber auch erfahrene Bauern oder Hirten kennen die Geheimnisse des Wetters genau, denn sie sind darauf angewiesen. Sie beobachten nicht nur die Wolkenbildung, sondern achten auch auf Windrichtung, Verhalten der Tiere und das Gefühl in ihren Knochen und Gelenken. Einem Wetterumschwung gehen nämlich immer Veränderungen in der Atmosphäre voraus. Der Luftdruck steigt oder fällt, die Luftfeuchtigkeit nimmt ab oder zu, die Windrichtung ändert sich.
Auf diese Veränderungen reagieren viele Menschen und Tiere. Deshalb ist auf die genannten Anzeichen genauso viel oder manchmal noch mehr Verlass als auf viele elektronischen Geräte.

Wetterregeln der Indianer

Aus den Beobachtungen der Natur sind einige Regeln abgeleitet, die komplizierte Zusammenhänge der Wetterbildung und -änderung in ganz einfachen Sätzen ausdrücken:
→ Schüttelt das Vieh die Ohren, ist gutes Wetter verloren.
→ Wenn die Schwalben den Boden berühren, wirst du bald den Regen verspüren.
→ Springende Fische bringen Regenfrische.
→ Plagt dich die Gicht, bleibt die Sonne nicht.
→ Wenn der Hund das Gras benagt, der Hirte über Flöhe klagt, der Rauch will nicht zum Tipi raus, dann kommt bald Regen übers Haus.

Was ihr zum Überleben in der Natur braucht

Hinweise durch Wolkenformen

Ganz wichtig bei allen Naturbeobachtungen zur Wettervorhersage ist es, die Wolken genau zu betrachten. Denn sie sind Vorboten des kommenden Wetters – und sie sind es ja auch, die uns den Regen bringen. Wolken sind bis zu einer Höhe von elf Kilometern über dem Erdboden (diese Schicht der Atmosphäre nennt man Troposphäre) schwebende Ansammlungen von Wasser und Eisteilchen. Sie entstehen, wenn sich die in der Luft sonst als unsichtbarer Dampf enthaltene Feuchtigkeit verdichtet und abkühlt. Die Form der Wolken wird beeinflusst von Windströmungen, Luftdruck, Luftfeuchtigkeit und Temperatur. Folglich geben Wolkenformen Hinweise auf das künftige Wetter. Feder- oder Schichtwolken, Schäfchenwolken, Haufenwolken und Gewitterwolken sind typische Formationen, die Aufschluss darüber geben, wie sich das Wetter entwickeln wird.

Leuchtende Wolken bringen Regen

Warme Luft nimmt mehr Feuchtigkeit auf als kalte. Steigt warme Luft auf, kühlt sie sich ab. Ein Teil der Feuchtigkeit verwandelt sich in Wassertropfen oder bei sehr kalter Luft auch in Eiskristalle. Daraus entstehen die Wolken.
Aus ihren verschiedenen Formen kann man auf das bevorstehende Wetter schließen. Ein weit verbreiteter Irrtum ist freilich, dass dunkle Wolken schlechtes Wetter bringen – das Gegenteil ist richtig.
→ Typische Vorboten einer Wetterverschlechterung und eines drohenden Regens sind die in sehr großer Höhe zu sehenden Feder- oder Schichtwolken, die oft großflächig und an den Rändern zerfasert sind (Zirruswolken).
→ Schäfchenwolken (Zirrokumulus), die in der untergehenden Sonne intensive Farben in Rot- und Gelbtönen zeigen, kündigen ebenfalls baldigen Regen an.

→ Altostratus sagen die Meteorologen zu einer dünnen Schichtwolke, die in einer Höhe von zwei bis sieben Kilometern über dem Boden schwebt. Sie gilt als typischer Vorbote des Regens und kündigt meistens die Annäherung eines größeren Schlechtwettergebietes an.

→ Flache Kumulus- oder Haufenwolken, die selten höher als zwei Kilometer über dem Boden schweben, kündigen meist warmes, sonniges Wetter an oder weisen auf die Fortdauer des guten Wetters hin. Sie können an warmen Tagen aber schnell zur nachstehend beschriebenen Kumulonimbus werden.

→ Die sich bereits bei noch schönem Wetter aus harmlosen Haufenwolken zusammenballende und dabei immer weiter auftürmende Kumulonimbus gilt als typische Gewitterwolke. Die kugelige obere Begrenzungslinie nimmt Zackenform an, während die untere Linie waagerecht bleibt. Je höher sie sich aufbaut, desto schwerer kann das zu erwartende Unwetter werden. Es kündigt sich meist durch einige starke Böen an, die bald in einen dauerhaften kräftigen Wind übergehen (bei dieser Wolke rechtzeitig Lager, Zelte sichern).

Blitzübersicht zur Wettervorhersage

So kündigt sich schlechtes Wetter an

- Tiefblauer, sehr klarer Himmel am Morgen
- Steigender Morgennebel
- Morgenrot
- Tief fliegende Schwalben
- Aufdringliche Mücken
- Nässe an Brunnen und Wasserleitungen

So kündigt sich schönes Wetter an

- Morgennebel fällt
- Starker Tau
- Grauer Morgenhimmel
- In Tälern ist es wärmer als in höheren Lagen
- Heiße Tage, kühle Nächte
- Flimmernde Luft

Was ihr zum Überleben in der Natur braucht

So kündigt sich schlechtes Wetter an

- Springende Fische in Teichen, Seen
- Schwitzende Baumrinde (Buchenrinde!)
- Gute Fernsicht, weit entfernte Berge z. B. erscheinen näher und klarer als sonst
- Starkes Sternenfunkeln
- Mond hat einen Hof (hellen Umkreis)
- Löwenzahn öffnet am Tag seinen Kelch nicht
- Stiefmütterchen schließt abends seine Blüte, sieht wie verwelkt aus
- Viele Schnecken auf dem Weg
- Viele Regenwürmer
- Maulwurf wirft hohe Haufen auf
- Gänsedistel schließt ihren Blütenkopf über Nacht nicht
- Gänseblümchen, Huflattich, Hahnenfuß, Sumpfdotterblume und Sauerampfer sind tagsüber in Schlafstellung
- Das Vieh draußen wehrt sich gegen lästige Mücken, schnüffelt mit emporgehaltener Nase und drängt abends in den Stall
- Tauben fliegen nicht raus, sondern bleiben in der Nähe des Schlages
- Wind aus West oder Nordwest
- Frösche quaken am Tag

So kündigt sich schönes Wetter an

- Im Wald ist es wärmer als auf dem Feld
- Schwalben fliegen hoch
- Spinnen arbeiten in ihrem Nest
- Lerchen fliegen hoch
- Leuchtende Johanniswürmchen
- Wind kommt aus Osten
- Regenbogen am Abend
- Frösche quaken am Abend
- Grillen zirpen abends und nachts
- Abendrot
- Abendnebel

→ Stratus – auch Schichtwolken genannt – liegen manchmal als dicke graue Wolkendecke über dem Boden (Bodennebel). Dann wird das Wetter meistens schön. Nur bei sehr dichten Wolken kann schon mal Sprühregen fallen.

DEN WEG FINDEN – AUCH IM DUNKELN

Abenteuerurlaub in der freien Natur bedeutet, in eine ganz andere, für manche ungewohnte Welt abzutauchen. Deshalb muss man sich auch anders orientieren als in der Stadt. In der freien Natur gibt es keine Straßen- und Wegschilder. Ihr könnt meist auch keine Passanten oder Autofahrer nach dem Weg fragen – ihr seid ganz auf euch und eure Gruppe gestellt. Damit ihr eure Ziele erreicht und nicht nur im Kreis herumlauft, braucht ihr Orientierungshilfen.

Dies gilt natürlich erst recht, wenn ihr euch mal verlaufen habt. Damit ihr nicht in Panik geratet, müsst ihr lernen, euch in der freien Natur so sicher zu bewegen wie ein Fuchs im Wald – der hat schließlich auch kein Handy dabei!

Die nachfolgend beschriebenen technischen Hilfsmittel kauft ihr am besten im Pfadfinderversandhaus, bei Wanderausstattern oder in der Sportabteilung großer Kaufhäuser.

Der Kompass weist die Richtung

Jeder Wanderer und Pfadfinder muss mit einem Kompass umgehen können. Für euren Abenteuerurlaub braucht ihr einen Marschkompass. Er ist die einfachste Orientierungshilfe. Seine wichtigsten Teile sind die Kompassrose und die Magnetnadel, die sich in dem runden, mit Flüssigkeit gefüllten Glasgehäuse befindet.

Die Nadel wird durch das Magnetfeld der Erde dazu gebracht, immer in die Richtung von deren magnetischem Nordpol zu

Was ihr zum Überleben in der Natur braucht

zeigen. Der stimmt zwar nicht haargenau mit dem geografischen Nordpol überein, aber auf den relativ kurzen Strecken, die ihr zurücklegt, spielt die so genannte Missweisung kaum eine Rolle.
Bei sehr guten Kompassen ist diese Missweisung bereits korrigiert, bzw. sie kann eingestellt werden, indem die Anzeige der Nadel um sechs bis acht Grad nach Westen korrigiert wird. Ob euer Kompass noch zuverlässig die Nordrichtung anzeigt, könnt ihr jederzeit bei einem Optiker feststellen lassen. Spätestens drei Jahre nach dem Kauf eines Kompasses solltet ihr ihn zur Überprüfung geben.

Die Kompassrose

Die Magnetnadel des Kompasses schwebt immer über einer Scheibe mit eingezeichneten Himmelsrichtungen. Sie heißt Kompass- oder Windrose und ist beim Marschkompass meistens mit einer Skala von 0 bis 36 versehen. Das sind die Werte, die für die (in Grad gemessene) Größe des Winkels zwischen der Nordrichtung und allen anderen Richtungen stehen.
➜ Dort, wo Osten ist, nämlich rechts auf der Windrose, werdet ihr eine 9 oder auch 90 Grad finden. Denn die östliche Himmelsrichtung verhält sich genau rechtwinklig zur Nordachse. Und ein rechter Winkel hat bekanntlich immer 90 Grad.
➜ Unten auf der Windrose befindet sich die Himmelsrichtung Süden, der Winkel zwischen Nord- und Südrichtung beträgt 180 Grad.
➜ Zum Westen, links auf der Kompassscheibe, beträgt der Winkel (von Nord über Ost und Süd gerechnet) 270 Grad.

Diese Gradangaben sind wichtig, wenn ihr nach einer Karte mit eurem Kompass wandern wollt (siehe dazu Seite 33 ff.). Aus der Karte nämlich könnt ihr die Richtung, in die ihr euch bewegen wollt, als Winkel zwischen Nord und eurem angepeilten Ziel ablesen. Wollt ihr beispielsweise nach Osten, müsst ihr eine Weglinie von genau 90 Grad (zur Nordrichtung) einhalten. Und um die haargenau zu finden, hilft euch der Kompass.

Peilen mit dem Kompass

Je besser (und teurer) ein Kompass ist, desto mehr Hilfsfunktionen bietet er. Oft kann man z. B. seine Windrose so drehen, dass die Nordrichtung genau unter der Kompassnadel liegt. Dann wisst ihr schon ungefähr, in welcher Richtung euer Ziel liegt. Ihr stellt euch nun so hin, dass ihr in Richtung eures Zieles blicken könnt. Dann sucht ihr euch in möglichst weiter Ferne einen markanten Punkt in der Landschaft (hoher Baum, Bergspitze, Hochspannungsmast, Kirchturm), der in dieser Richtung liegt. Auf diesen angepeilten Punkt geht ihr zu, denn mit dem Kompass in der Hand zu wandern und dabei ständig auf seine Nadel zu blicken ist kaum möglich. Sie schaukelt bei jedem Schritt so stark hin und her, dass mit der Anzeige kaum noch etwas anzufangen ist.

Die Kompass- oder Windrose zeigt auf einer Skala von 0 bis 360 Grad die Himmelsrichtungen an.

Ihr müsst also mit dem Kompass immer wieder die Richtung peilen und euch neue markante Punkte in der Landschaft suchen, auf die ihr zumarschieren könnt. Zu diesem Zweck bieten viele Kompasse zusätzliche Funktionen, unter anderem einen Spiegel, den man in einem Winkel von 45 Grad schräg nach unten klappen kann. Außerdem sind am Kompassgehäuse zwei Markierungen angebracht.

Wenn ihr nun das Kompassgehäuse in Augenhöhe haltet, könnt ihr auf der Spiegelklappe unter dem Kompass die Rich-

Was ihr zum Überleben in der Natur braucht

tung (in Grad) ablesen und über die beiden Markierungen am Kompassgehäuse einen Punkt in der Landschaft anvisieren, der genau in der richtigen Richtung liegt. Habt ihr diesen erreicht, nehmt ihr die nächste Peilung in der gleichen Weise vor.

Die Kompassnadel zeigt also nicht einfach den richtigen Weg an. Sie verrät nur, wo Norden ist und in welcher daraus abgeleiteten Richtung das Ziel liegt. Damit ihr beim Peilen aber keine falschen Richtungen angezeigt bekommt, müsst ihr genau darauf achten, dass sich keine metallischen Gegenstände (z. B. ein Taschenmesser) in der Nähe des Kompasses befinden, wenn ihr ihn benutzt. Die können nämlich die Anzeige beeinflussen und verfälschen.

Peilung mit dem Kompass – hier mit einem hohen Baum als markantem Punkt.

Himmelsrichtungen ermitteln ohne Kompass

Wenn du deinen Kompass versehentlich im Lager gelassen oder ihn für kurze Strecken nicht mitgenommen hast, kannst du trotzdem mit einfachen Hilfsmitteln die Himmelsrichtungen bestimmen – am leichtesten mit deiner Armbanduhr.

Die Armbanduhr zeigt den Süden an

Du nimmst sie vom Handgelenk und drehst die Uhr so, dass der Stundenzeiger direkt auf die Sonne gerichtet ist. Dann schaust du, in welche Richtung die Zwölf auf dem Zifferblatt zeigt. Den Winkel zwischen dem Stundenzeiger und der Zwölf halbierst du in Gedanken: Genau in der Mitte ist Süden.

Vergiss aber nicht, auf die Tageszeit zu achten; denn am Vormittag musst du die Halbierungslinie zwischen der Zwölf und dem Stundenzeiger links von der Zwölf feststellen, am Nachmittag rechts davon. Und noch etwas darfst du nicht außer Acht lassen: Während der Sommerzeit musst du deine Armbanduhr vor der Verwendung als Hilfskompass um eine Stunde zurückstellen.

Die Sonne hilft weiter

Angenommen, ihr müsstet irgendwo in der absoluten Wildnis überleben und hättet nicht mal eine Armbanduhr zur Hand, um die Himmelsrichtungen zu bestimmen – auch dann könnt ihr euch behelfen. Bekanntlich steht die Sonne am Mittag immer im Süden. Wenn es euch jetzt noch gelingt, mit hundertprozentiger Sicherheit festzustellen, wann Mittag ist, wisst ihr genug, um euch eine Sonnenuhr selbst zu bauen.

Zunächst rammt ihr einen hohen und möglichst geraden Stab in die Erde. Am späten Vormittag beginnt ihr, ungefähr alle fünf Minuten mit Steinen die Stellen zu markieren, an denen der Schatten des Stabes am Boden endet. Der Schatten wird immer kürzer und verlängert sich dann wieder. So entsteht aus den Markierungen eine geschwungene Linie. Und genau die Stelle der Linie, die dem im Boden steckenden Stab am nächsten liegt, ist entscheidend: Hier hatte die Sonne um 12 Uhr mittags ihren höchsten Stand, da befand sie sich genau im Süden. Wenn ihr nun eine Linie vom Stab zu diesem Punkt zieht, zeigt diese vom Stab weg genau in Richtung Norden. Die anderen Richtungen könnt ihr dann leicht selbst auf dem Boden markieren.

Überhaupt verrät uns die Sonne die Himmelsrichtungen recht gut. Denn wir wissen: Die Sonne geht im Osten auf und im Westen unter.

→ Schaust du also genau in Richtung der aufgehenden Sonne, liegt der Norden links und der Süden rechts von dir.

Was ihr zum Überleben in der Natur braucht

→ Schaust du genau in die Richtung der untergehenden Sonne, ist links von dir Süden und rechts Norden.

Sterne ersetzen den Kompass

Die größte Orientierungshilfe in der Nacht ist der Polar- oder Nordstern. Er ist leicht zu finden, wenn du zunächst nach dem sehr markanten Sternbild des Großen Wagens suchst. Hast du ihn entdeckt, musst du seine Hinterachse um das Fünffache verlängern. Genau am Ende dieser Strecke steht der Polarstern, der die Richtung Norden anzeigt.

Sollten der Polarstern und der Große Wagen einmal von Wolken verdeckt sein, kannst du dich auch an anderen Sternen orientieren. Hierzu stellst du dich an eine bestimmte Stelle, von der du dich nicht mehr fortbewegst. Dann fixierst du mit den Augen einen bestimmten Stern, der nahe an einem Fixierpunkt liegt, z. B. bei der Spitze einer hohen Tanne oder eines Berges. Nach ein paar Minuten denkst du, dass sich der Stern bewegt. In Wirklichkeit dreht sich aber die Erde. Die Himmelsrichtung kannst du anhand des Weges bestimmen, den der Stern von deinem Fixierpunkt ausgehend zurücklegt:

→ Steigt der Stern aufwärts, schaust du nach Osten.

Orientierung bei klarem Nachthimmel: Der Polarstern steht am Ende der fünffachen Verlängerung der Hinterachse des Großen Wagens.

→ Sinkt der Stern abwärts, schaust du nach Westen.
→ Wandert der Stern nach rechts, blickst du nach Süden.
→ Wandert der Stern nach links, blickst du nach Norden.

Im Wald gibt es viele Lotsen

Ist der Himmel ganz von Wolken verhangen, musst du dir anders behelfen. In Deutschland kommt der Wind ja meist aus Nordwesten, die Hauptwetterseite zeigt also in Richtung Nordosten. Zum Glück gibt uns die Natur viele Hinweise darauf, wo sich die Hauptwetterseite befindet, also wo Nordosten ist.

→ Einzelne, frei stehende Bäume z.B. beugen sich bei starkem Nordwestwind nach Südosten.
→ Die Äste allein stehender Bäume sind im Nordwesten meistens kürzer gewachsen als auf der windgeschützten Südostseite.
→ Eine zuverlässige Hilfe sind auch abgesägte Baumstümpfe, die sich fast immer irgendwo im Wald oder auf einer Lichtung finden lassen.
→ Die an der Sägestelle oft noch klar zu erkennenden Jahresringe der Bäume liegen auf der Wetterseite (also Richtung Nordwest) wesentlich enger beieinander als auf der Südostseite.
→ Außerdem weist die grüne, bemooste Seite der Baumstämme fast immer nach Nordwesten.

Bäume können die Himmelsrichtung anzeigen: Die bemoosten Wurzeln weisen fast immer nach Nordwesten.

Was ihr zum Überleben in der Natur braucht

→ Schließlich zeigen auch Käfer die Himmelsrichtung an. Ohren- und Borkenkäfer lieben nämlich warme und sonnige Stellen. Deshalb halten sie sich meistens auf der Südseite eines Baumes oder eines Steines auf.

Himmelsrichtungen im Winter erkennen

Im Winter ist der Himmel meistens wolkenverhangen. Und wenn dann auch noch Schnee liegt, helfen uns alle bisher genannten Mittel als Kompassersatz nicht weiter. Aber: Wenn richtig viel Schnee gefallen ist, lässt sich auch an der Wellenform der Schneewächten die Himmelsrichtung erkennen:
→ Der Wellenüberschlag zeigt nach Südosten.
→ Vor Bäumen und Felszacken liegt der keilförmig angewehte Schnee meist an der Nordwestseite.

UNVERZICHTBAR: DIE LANDKARTE

Bisher haben wir uns damit beschäftigt, wie ihr die Himmelsrichtungen mit Hilfe des Kompasses oder anderer Hilfsmittel oder durch die genaue Beobachtung der Natur feststellen könnt. Aber das nützt gar nichts, wenn ihr nicht außerdem eine gute und aktuelle Land- oder Wanderkarte habt. Sie verrät euch nicht nur, wie weit es noch bis zum Ziel ist, ob ihr auf dem Weg dorthin Straßen, Gewässer oder Berge, Wälder oder Felder antreffen werdet, sondern ist auch wichtig für die Benutzung des Kompasses.

Landkarte plus Kompass

Als Erstes markiert ihr auf der Karte, wo ihr euch gerade befindet. Von eurem Standort aus zieht ihr dann eine Linie zu eurem Ziel. Diese Linie (oder ihre Verlängerung in die eine oder andere Richtung) wird irgendwo die auf der Karte von oben nach unten verlaufenden Linien des Kartengitternetzes treffen. Jede Karte ist so gezeichnet, dass der obere Rand immer die Nordrichtung darstellt.

Nun stellt ihr mit einem Winkelmesser fest, wie viel Grad der Winkel zwischen den Richtung Norden gehenden Linien und eurer eingezeichneten Marschrichtung hat. Dies ist das Winkelmaß, das ihr beim Anpeilen eurer Orientierungsmarken auch auf dem Kompass (siehe Seite 26 f.) zu berücksichtigen habt.

Damit das Berechnen des Winkels in der Praxis auch klappt, sollten der Umgang mit Karte und Kompass sowie die Ermittlung der Marschrichtung mit dem Winkelmesser ausgiebig geübt werden. Dabei sind folgende Punkte zu beachten:

→ Alle von der Nord-Süd-Achse aus betrachtet rechts auf der Karte liegenden Ziele müssen bei der Messung des Winkels zwischen Nord- und Marschrichtung einen Wert von weniger als 180 Grad ergeben.

→ Alle von der Nord-Süd-Achse aus betrachtet links auf der Karte liegenden Ziele müssen bei der Messung des Winkels zwischen Nord- und Marschrichtung einen Wert von mehr als 180 Grad ergeben. Denn dieser Wert beschreibt den ganzen Winkel von Nord im Uhrzeigersinn nach rechts gesehen über Süd (genau 180 Grad) plus den verbleibenden Wert zwischen Süd und eurer Marschrichtung.

→ Der genaue Wert für alle links von der Nord-Süd-Achse liegenden Ziele lässt sich leicht ermitteln, indem du nur den Winkel zwischen Nord und der nach links gehenden Marschrichtung misst und diesen dann von 360 Grad abziehst. Das ist einfacher als das komplizierte Winkelmessen im Uhrzeigersinn nach rechts.

Beispiel: Das Ziel liegt genau östlich eures Standortes. Zwischen Nord- und Ostrichtung (auf der Karte einfach nach links (gemessen) ermittelst du 90 Grad. Die ziehst du von 360 Grad

ab und erhältst als Ergebnis 270 Grad für eure Marschrichtung auf dem Kompass.
Und wenn du jetzt auf die Gradmarkierungen der Kompassrose schaust, wirst du sehen: Der Osten hat genau 270 Grad.

Kartenlesen ohne Hexerei

Außer den Himmelsrichtungen, die wir zur Zielfindung mit unserem Kompass benötigen, lassen sich den Karten noch zahlreiche weitere Informationen entnehmen. Denn die Zeichen auf den Karten machen darauf aufmerksam, wo Wege und Straßen, Berge und Täler, Flüsse und Seen, Wälder und Felder, Almhütten oder Unterstände und Rastplätze zu finden sind. Für Abenteuerferien in der freien Natur ist es deshalb unverzichtbar, dass zumindest der Gruppenleiter eine Landkarte lesen kann. In Notfällen kann diese Fähigkeit sogar lebenswichtig sein. Denn aus der Karte lässt sich auch erkennen, in welcher Richtung die eventuell benötigte Hilfe am schnellsten zu finden ist.

Der Maßstab ist wichtig

Eines der wichtigsten Merkmale jeder Karte ist der Maßstab, in dem sie gezeichnet ist. Der Maßstab zeigt das Verkleinerungsverhältnis der Landkarte im Vergleich zur wirklichen Natur an. Dieser Verkleinerungsmaßstab steht immer unten links oder rechts am Rand der Karte. Er sollte möglichst klein sein, denn je größer der Maßstab ausfällt, desto ungenauer ist die Karte, wie aus den folgenden Beispielen zu ersehen ist.

→ Hat die Landkarte einen Maßstab von 1:10000, so beträgt jede auf der Karte (mit dem Zentimetermaß) gemessene Strecke nur ein Zehntausendstel der tatsächlichen Entfernung. Ein Zentimeter auf der Karte sind dann 100 Meter in der Wirklichkeit.

→ Ein Zentimeter auf einer Karte im Maßstab 1:50 000 entspricht einer tatsächlichen Entfernung von 500 Metern. Beträgt auf einer solchen Karte der Abstand zwischen dem Standort und dem Ziel vier Zentimeter, müssen also zwei Kilometer in der Natur zurückgelegt werden.

Eine Hilfe – damit ihr die Entfernungen auf der Karte leichter in die Praxis umsetzen könnt – ist das über fast alle Karten gedruckte quadratische Netz von feinen Linien, die immer genau in Nord-Süd- und in Ost-West-Richtung verlaufen. Oft sind die Linien dieses Gitternetzes im Kilometerabstand eingezeichnet.

Bei der Maßstabangabe am unteren Kartenrand findet ihr aber oft den zusätzlichen Hinweis, wie viele Zentimeter auf der Karte welcher Distanz in Wirklichkeit entsprechen. Mit dieser Information könnt ihr ohne viel Aufhebens überprüfen, welche Entfernung in der Natur das Gitternetz auf der Karte darstellt.

Atlanten sind ungeeignet

Wenn du deinen Schulatlas zur Hand nimmst und eine Karte für Mitteleuropa aufschlägst, wird diese wahrscheinlich einen Maßstab in der Größenordnung von 1:4 500 000 haben. Ein Zentimeter auf der Karte entspricht also 45 Kilometern in der Wirklichkeit. Nur mit Hilfe dieses Verkleinerungsmaßstabes ist es möglich, auf einer Doppelseite im Atlas alle Länder von Dänemark im Norden bis Italien im Süden oder von Frankreich im Westen bis weit über Polen hinaus im Osten abzubilden.

Um ganz Deutschland auf einer großen Seite im Atlas zu zeigen, wird oft der Maßstab 1:2 250 000 verwendet. Doch auch solche Karten sind für eure Abenteuer unbrauchbar – der Maßstab erlaubt es nicht, Einzelheiten zu erkennen. Das Gleiche trifft auf Autoatlanten oder Straßenkarten zu.

Diese Karten enthalten auch nicht die Angaben, die man zur

Orientierung in der Natur – jenseits von Wegen und Straßen – braucht.

Spezial-Wanderkarten

Für Wanderer, Bergsteiger und Abenteuerurlauber dagegen gibt es spezielle Karten, in denen das eingezeichnet ist, was für sie wichtig ist. Hier beträgt der Maßstab z. B. 1:25 000 oder auch nur 1:10 000; ein Zentimeter auf der Karte entspricht also 250 bzw. 100 Metern in der Natur. Nur solche Karten sind großzügig genug angelegt, um alle für eure Unternehmungen wichtigen Informationen aufzunehmen und auch genau wiederzugeben.

→ Da ist eine Vielzahl von Linien, Punkten und Symbolen, deren Bedeutung am Rand der Karte in einer »Legende« oder Zeichenerklärung erläutert wird. Du erfährst, wie auf der Karte beispielsweise Straßen, Wege, Bahngleise, Seilbahnen oder fließende Gewässer dargestellt sind.

→ Außerdem findest du auf der Karte die Höhen- oder Schichtlinien (Isohypsen). Sie sagen dir, wo sich Berge, Täler, flache Ebenen oder auch steile Abhänge befinden, denn diese Linien verbinden auf der Karte alle Punkte miteinander, die genau dieselbe Höhe über dem Meeresspiegel haben. Oft sind die Linien durch Zahlen unterbrochen; sie geben die jeweilige Höhe in Metern an. Außerdem lässt sich aus ihnen erkennen, ob ein Berg steil oder flacher ansteigt: Je dichter die Isohypsen mit unterschiedlichen Zahlenwerten beieinander liegen, desto steiler geht es bergan oder bergab. Vereinigen sich mehrere Höhenlinien zu einer einzigen Linie, weiß der Wanderer oder Pfadfinder, dass er mit einem sehr steilen Abhang oder sogar einer senkrechten Felswand rechnen muss.

→ Der Abstand zweier Höhenlinien heißt Äquidistanz. Sie beträgt bei Landkarten des Maßstabes 1:25 000 meistens zehn Meter. Für dich bedeutet das: Auf dem Weg von der einen zur

Der Survival-Kit

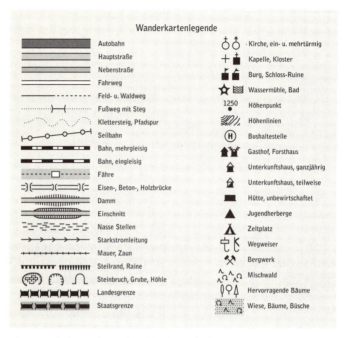

Die »Wanderkartenlegende« gibt dem Pfadfinder anhand einer Vielzahl von Zeichen Hinweise, wie er seine Route am besten planen kann und was ihn auf seiner Tour alles erwartet.

nächsten Höhenlinie überwindest du einen Höhenunterschied von zehn Metern. Oft ist auf den Karten – damit die Übersicht gewahrt bleibt – nur jede fünfte oder zehnte Höhenlinie dicker gedruckt und mit einer Zahl für die Höhe in Metern über dem Meeresspiegel versehen. Kennst du die eben erwähnte Äquidistanz, kannst du daraus die Höhe der nicht bezifferten Linien ableiten. Einen Berggipfel oder eine Geländekuppe erkennst du daran, dass dort eine einzelne Zahl für die Höhe in Metern über dem Meeresspiegel eingetragen ist.

Was ihr zum Überleben in der Natur braucht

→ Die Höhenlinien geben durch ihre Farbe aber noch weitere Informationen preis. In normalem Gelände (Wald, Almen) sind sie z. B. braun dargestellt, auf felsigem Gelände werden sie schwarz eingezeichnet, und Gletscher erkennt man an blauen Höhenlinien. Zum Teil werden in den Karten Berge und Steilhänge zusätzlich zu den Höhenlinien noch durch Schattierungen betont.

Die Karte ist noch wichtiger als der Kompass

Wie ihr mit Karte und Kompass wandern könnt, eure Marschrichtung in Grad ermittelt und eure nächsten Etappenziele anpeilt, wisst ihr jetzt. Aber oft könnt ihr mit einer guten Wanderkarte auf den Kompass ganz verzichten, und zwar aus folgendem Grund: Unsere Natur ist fast nirgendwo mehr unberührt, sie wird durchzogen von Hochspannungsleitungen oder Liften und Seilbahnen, Straßen und Wegen. Und die sind auf guten Karten eingezeichnet. Oft ist sogar vermerkt, wo ein besonders großer Findling (Stein) zu bestaunen ist. Deshalb könnt ihr euch an diesen aus der Karte ablesbaren Informationen orientieren, statt mit dem Kompass querfeldein durch den Wald zu stapfen. Mit Hilfe der Karte legt ihr z. B. fest: Zunächst gehen wir am Waldrand entlang, bis wir die Hochspannungsleitung erreichen. Dort biegen wir ab und laufen weiter, bis wir an den Forstweg kommen. Dem folgen wir bis zu dem besonders großen Stein.

Gefahren bei Nebel und Dunkelheit

Wenn ihr während einer Wanderung oder Schnitzeljagd (siehe Seite 127) plötzlich durch aufkommenden Nebel oder von der Dunkelheit überrascht werdet, heißt es zunächst mal, eine Zwangspause einzulegen. Ruft alle aus eurer Gruppe zusammen, denn nun sind auch kleine Alleingänge nicht mehr erlaubt. Zu groß ist die Gefahr, dass sich jemand zu weit von den anderen entfernt und den Anschluss verliert oder einen Abhang hinabstürzt.

Mit Hilfe der Karte und/oder des Kompasses überprüft ihr nun, ob in eurer Marschrichtung irgendwelche Gefahren lauern. Dann geht ihr vorsichtig weiter. Bei Nebel gilt Folgendes:

➡ Ist die Weitsicht gerade noch ausreichend, werdet ihr anhand der Informationen auf der Karte den Weg sicher finden.

➡ Bei sehr dichtem Nebel (oder in vollkommener Finsternis) bleibt euch nichts anderes übrig, als eure Marschrichtung, wie bereits beschrieben, mit dem Kompass festzustellen.

Weil Bäume zum Anpeilen des nächsten Etappenzieles jetzt nicht mehr zur Verfügung stehen, muss einer aus eurer Gruppe so weit in die gepeilte Richtung vorangehen, dass ihr ihn oder das Licht der von ihm in der Hand gehaltenen Taschenlampe gerade noch sehen könnt. Dann folgt ihm die Gruppe. Am neuen Standort wird wieder in derselben Weise gepeilt. Es kann durchaus sein, dass ihr dann nur noch in Etappensprüngen von 50 bis 100 Metern vorankommt. Aber ihr werdet sicher und in der richtigen Richtung euer Ziel erreichen.

GEHEIME WEGZEICHEN

Indianer verwenden geheime Wegzeichen, die nur ihrem Stamm bekannt und für Außenstehende nicht lesbar sind. Wer in der Natur häufiger dieselben Wege benutzt, kann sie auf ähnliche Art mit Geheimzeichen versehen. Das ist beispielsweise dann wichtig, wenn ihr Wege benutzt, die eigentlich gar keine sind. Mit einem Geheimzeichen kann etwa markiert werden, an welchem Baum ihr die Richtung ändern müsst. Diese Wegzeichen könnten aussehen wie auf der nebenstehenden Abbildung.

Auf den ersten Blick scheinen diese Zeichen unmissverständlich zu sein. Doch aufgepasst: Bei »Folge diesem Weg« oder »Weg zum Lagerplatz« müsst ihr genau auf die Richtungsmar-

Was ihr zum Überleben in der Natur braucht

Geheime Wegzeichen: Sie geben dem Pfadfinder wichtige Informationen, wie er z. B. an ein bestimmtes Ziel gelangt.

kierung achten, damit ihr euer Ziel nicht verfehlt, und noch verhängnisvoller wäre es, wenn ihr »Wasser, aber kein Trinkwasser« fälschlich als »Trinkwasser« lest und euch dann hinterher vor Bauchschmerzen krümmt.
Anders als die Wegzeichen der Indianer sind die der Pfadfinder nicht geheim, sondern allen Mitgliedern international bekannt. Sie dienen bei Wanderungen als Hinweis auf das vereinbarte Ziel oder für Waldläuferspiele. Wenn ihr in der Natur solche Zeichen seht und ihnen folgt, trefft ihr vielleicht auf eine Pfadfindergruppe. Zumindest aber wisst ihr dann, dass ihr in einem Pfadfinderrevier unterwegs seid.

Kaum lesbare Nachrichten

Bereits die alten Germanen haben sich bestimmter Schriftzeichen bedient, die man Runen nennt. Die meisten der ungefähr

5000, besonders aus Schweden überlieferten Inschriften sind in Holz, Stein oder Metall geritzt, und zwar als Gedenkinschriften für Verstorbene auf Steinen oder als Weihe- und Besitzerinschriften auf Gegenständen, z. B. Waffen. Nach Jahrhunderten der Vergessenheit wird heute vor allem ihre magische Wirkung neu entdeckt. Manchmal werden diese Zeichen von Pfadfindern als Geheimsprache verwendet: Man ordnet sie beispielsweise mit Steinen auf dem Boden an oder ritzt sie mit einem Stock hinein, um den Nachfolgenden etwas mitzuteilen.

Diese Runenzeichen werden übrigens Semaphoralphabet genannt. Mit ihm könnt ihr, wenn ihr bestimmten Zeichen eine nur eurer Gruppe bekannte Bedeutung gebt, sehr leicht etwas mitteilen, ohne dass andere, nicht Eingeweihte Wind davon bekommen.

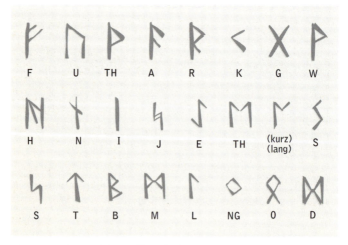

Die Runen eignen sich zur Übermittlung von geheimen Nachrichten, wenn die einzelnen Zeichen mit bestimmten verabredeten Bedeutungen versehen werden.

Eine feine Kunst:
Spuren lesen und Signale senden

Tierfährten und Fussabdrücke

Ein erfahrener Pfadfinder kann – ebenso wie ein Indianer – alle Spuren von Tieren sofort erkennen und auch Fußabdrücke von Menschen auswerten. Wenn auch ihr mal die Fußabdrücke eines Menschen genau unter die Lupe nehmt, könnt ihr viel mehr entdecken, als mancher auf den ersten flüchtigen Blick vermuten mag. Doch beginnen wir mit den Tieren.

Visitenkarten der Wald- und Wiesenbewohner

Eine beruhigende Nachricht vorab: Obwohl auch in deutschen Wäldern zum Teil wieder echte Wildtiere angesiedelt worden sind, habt ihr von ihnen kaum etwas zu befürchten – mit einer Ausnahme: Vor Wildschweinen solltet ihr euch stets in Acht nehmen. Auch deshalb ist es wichtig, die unterschiedlichen Fährten zu beachten und auszuwerten (siehe Seite 46).

Außer der Frage, von welchem Tier die Abdrücke stammen könnten, ist für euch von Belang, ob es sich um frische oder ältere Spuren handelt. Das könnt ihr leicht feststellen, wenn ihr sie näher anseht:

→ In älteren Spuren sind beispielsweise Abdrücke der Tropfen von zwischenzeitlich niedergegangenem Regen zu sehen, manchmal lässt sich darüber hinaus erkennen, dass sich in dem Abdruck einmal – mittlerweile wieder versickertes – Regenwasser gesammelt hatte.

→ Bei frischen Spuren ist der Rand des Eindrucks scharf zu erkennen; er bröckelt erst im Lauf der Zeit durch Austrocknung in den Abdruck hinein bzw. wird durch Regen und Wind abgestumpft.

Spuren lesen und Signale senden

Spurenatlas und Fährtenarchiv für Naturfreunde

Interessant kann es sein, sich Aufzeichnungen über die gefundenen Fährten von Tieren in einer Kopie der Wanderkarte zu machen. Denn oft durchstreifen die Tiere auf immer gleichen Wegen die Natur. Und wenn ihr einen Spurenatlas anlegt, habt ihr bei euren künftigen Wildbeobachtungen die besten Erfolgschancen.

Echte Naturfreunde erlegen natürlich keine Tiere oder hängen sie ausgestopft bei sich zu Hause auf, aber auch Tierspuren sind Trophäen, die sich von Abenteuerausflügen in die Natur mitbringen lassen. Und das bewerkstelligt man folgendermaßen:

→ Zunächst legt ihr einen Pappstreifen um den Abdruck. Diesen Streifen, der nicht breiter als drei Zentimeter sein muss, steckt ihr mit einer Büroklammer zu einem Ring zusammen – wie eine Backform.

→ In diese gießt ihr einen dickflüssigen Gipsbrei hinein, den ihr von zu Hause mitgebracht habt (in Baumärkten und Bastelgeschäften erhältlich) und vor Ort mit Wasser anrührt. Der Ring aus Pappe verhindert, dass der Gips sich wie ein breiter Fladen auf dem Boden ausbreitet.

→ Etwa 15 bis 20 Minuten müsst ihr dann warten, bis der Gips getrocknet ist und ihr den Abdruck mit nach Hause nehmen könnt.

Was Fußabdrücke verraten

Wie bei den Tierspuren eben beschrieben, lässt sich auch aus den Fußabdrücken eines Menschen erkennen, ob es sich um ältere oder frische Spuren handelt. Doch abgesehen von ihrem Alter verraten sie uns in den meisten Fällen noch viel mehr.

→ Je tiefer der Abdruck, desto schwerer ist die Person, die diese Abdrücke hinterlassen hat.

Eine feine Kunst

Tierspuren: Manche sind leicht zu verwechseln, z. B. Fuchs, Marder, Iltis und Hund bzw. Hase und Eichhörnchen. Deshalb: Genau hinsehen!

→ Nach einer Faustregel können im Normalfall aus der Länge des Barfußabdrucks Rückschlüsse auf die Körpergröße gezogen werden: Die Körpergröße beträgt etwa das Siebenfache der Fußlänge. Bei Schuhabdrücken musst du eineinhalb Zentimeter von der Länge abziehen, ehe du sie mit sieben multiplizierst.

→ Außerdem lassen sich – vor allem bei Barfußabdrücken – oft noch Rückschlüsse auf die Beinstellung der Person ziehen: Bei O-Beinen wird die Fußaußenkante stärker belastet, bei X-Beinen ist die Fußinnenkante deutlicher ausgeprägt.

Spuren lesen und Signale senden

→ Hat sich die Person normal fortbewegt, wird der Abdruck über seine ganze Länge eine annähernd gleiche Tiefe haben, da beim Gehen gewöhnlich der ganze Fuß aufgesetzt und gleichmäßig belastet wird.
→ Beim Laufen setzen die Fußspitzen zuerst auf und hinterlassen tiefere Eindrücke als die Fersen. Die Schrittlänge ist größer als beim normalen Gehen.
→ Beim Sprinten ist die Schrittlänge noch größer, und die Abdrücke sind verwischt.
→ Beim Hinken wird ein Bein immer stärker belastet als das andere; deshalb hinterlassen die Füße unterschiedlich tiefe Abdrücke.

Du kannst also aus den Abdrücken ablesen, ob es sich um die Spuren eines Joggers handelt, der durch den Wald gelaufen ist, oder ob sie von einem gewöhnlichen Spaziergänger stammen.
Wenn du ganz genau hinschaust, kannst du sogar erkennen, ob der Spaziergänger vielleicht Tiere im Wald gesehen hat und sich vorsichtig zurückgezogen hat, um sie in Ruhe zu beobachten. Dann wird er vermutlich einige Schritte rückwärts gegangen sein. Selbst das kannst du anhand der Abdrücke feststellen: Beim Rückwärtsgehen nämlich werden die Fußspitzen beider Füße zuerst aufgesetzt und über die Ballen abgerollt – die Spitze hinterlässt also einen tieferen Eindruck. Außerdem ist der Abstand zwischen den Fußabdrücken beim Rückwärtsschleichen kürzer als beim Spaziergänger oder Läufer.

Signale statt Worte

Angenommen, ihr macht Gruppenspiele und wollt etwas mitteilen, was die Spieler der gegnerischen Mannschaft keinesfalls mitbekommen sollen: Dann müsst ihr euch lautlos unter-

Eine feine Kunst

halten, etwa mittels der Körpersprache, die mit den Mitspielern abgesprochen und keinem anderen bekannt ist. Mit einem vereinbarten Zeichen kannst du deinem Kameraden z. B. mitteilen, ob er verschwinden soll oder ob du mit ihm etwas Wichtiges zu besprechen hast.

Auch »eine Schnute ziehen« kann als Geheimzeichen verabredet werden.

Beispiele für Körpersignale als Geheimzeichen

Dieses Zeichen gibst du	*Das Zeichen bedeutet*
Am Kopf kratzen	Ich lüge jetzt, sag nichts
Nasereiben	Er lügt
Am Ohr kratzen	Wir müssen uns besprechen
Augenreiben	Du wirst beobachtet
Beide Hände in den Taschen	Nein
Eine Hand in der Tasche	Ja
Hände auf dem Rücken	Das ist eine Falle, Vorsicht
Schuhe zubinden	Gefahr, verschwinde sofort
Beide Hände auf dem Rücken	Kann jetzt keine Nachricht geben

Die oben genannten Zeichen beispielsweise könnt ihr miteinander ausmachen, aber natürlich können noch jede Menge weiterer Zeichen für andere Bedeutungen verabredet werden. Ganz wichtig: Ihr müsst diese Geheimzeichen fleißig üben, denn es wäre schon peinlich, wenn dein Kumpel dich auf eine Lüge hinweisen will und du die Nachricht so verstehst, dass Gefahr droht und du sofort verschwinden sollst.

Morsen mit Licht und Klopfen

Für diese Signale könnt ihr das Morsealphabet verwenden, bei dem sich jeder Buchstabe und jede Zahl aus einer bestimmten Anordnung von Strichen und Punkten zusammensetzt, die für lange und kurze Licht-, Pfeif- oder Klopfsignale versendet werden.

→ Für Punkte (im Morsealphabet »dit«) versendet ihr kurze Lichtsignale, bzw. ihr klopft ganz leicht und schnell.
→ Für Striche (im Morsealphabet »dat«) gebt ihr lange Signale, bzw. ihr klopft etwas schwerer und behutsamer.
→ Zwischen zwei Wörtern wird immer eine Sekunde Pause gemacht.

Einen Nachteil haben Morsesignale allerdings: Sie können auch von anderen verstanden werden, die den Morsecode ebenfalls kennen. Bei Gruppenspielen müsst ihr also aufpassen, dass ihr durch eure »Morsesendungen« nicht den anderen unfreiwillig Tipps oder Hinweise gebt.

Mit Hilfe der Morsesignale könnt ihr euch sogar über große Entfernungen verständigen, indem ihr
→ Bei Dunkelheit mit einer Taschenlampe Lichtsignale blinkt
→ Bei Sonnenschein das Sonnenlicht mit einem Spiegel oder Heliograph für Lichtsignale nutzt
→ Bei bedecktem Himmel oder in der Dunkelheit Klopfsignale, beispielsweise mit einem Ast gegen einen Baumstamm, gebt, die im Wald kilometerweit hörbar sind.

Im Übrigen ist das Morsealphabet – das nach seinem Erfinder Samuel Finley Breese Morse benannt ist, der zunächst Bilder malte, bevor er das Alphabet entwickelte – viel weniger kompliziert, als es den Anschein hat. Gewöhnlich benötigen Kinder und Jugendliche nur ungefähr zwei Stunden, um es auswendig zu lernen. Erwachsene brauchen dafür in der Regel mehrere Tage.

Eine feine Kunst

Anhand seines Alphabets entwickelte S. F. B. Morse später auch den ersten elektromagnetischen Schreibtelegrafen (Morseapparat).

Buchstaben im Morsealphabet

Buchstabe	Morsezeichen	Gesprochen (zum Einprägen)
A	.–	Dit dah
Ä	.–.–	Dit dah dit dah
B	–...	Dah dit dit dit
C	–.–.	Dah dit dah dit
D	–..	Dah dit dit
E	.	Dit
F	..–.	Dit dit dah dit
G	––.	Dah dah dit
H	....	Dit dit dit dit
I	..	Dit dit
J	.–––	Dit dah dah dah
K	–.–	Dah dit dah
L	.–..	Dit dah dit dit
M	––	Dah dah
N	–.	Dah dit
O	–––	Dah dah dah
Ö	–––.	Dah dah dah dit
P	.––.	Dit dah dah dit
Q	––.–	Dah dah dit dah
R	.–.	Dit dah dit
S	...	Dit dit dit
T	–	Dah
U	..–	Dit dit dah

Spuren lesen und Signale senden

Buchstabe	Morsezeichen	Gesprochen (zum Einprägen)
Ü	..--	Dit dit dah dah
V	...-	Dit dit dit dah
W	.--	Dit dah dah
X	-..-	Dah dit dit dah
Y	-.--	Dah dit dah dah
Z	--..	Dah dah dit dit

Zahlen im Morsealphabet

Zahl	Morsezeichen	Gesprochen (zum Einprägen)
1	.----	Dit dah dah dah dah
2	..---	Dit dit dah dah dah
3	...--	Dit dit dit dah dah
4	....-	Dit dit dit dit dah
5	.....	Dit dit dit dit dit
6	-....	Dah dit dit dit dit
7	--...	Dah dah dit dit dit
8	---..	Dah dah dah dit dit
9	----.	Dah dah dah dah dit
0	-----	Dah dah dah dah dah

Wichtige Kommandos in Morsekurzschrift

Kommando	Morsezeichen	Gesprochen (zum Einprägen)
Verstanden	...-.	Dit dit dit dah dit
Irrtum (letztes Wort streichen)	....	Dit dit dit dit dit dit dit
Warten	.-...	Dit dah dit dit dit

Lichtsignale, die Botschaften sind

Dieses Zeichen gibst du	Das Zeichen bedeutet
Drei kurze Signale	Gefahr für dich
Zwei kurze Signale	Ich brauche Hilfe
Ein kurzes, ein langes Signal	Zurück zum Treffpunkt
Dreimal lang	Alles klar hier – und bei dir?
Zweimal lang	Ja
Einmal lang	Nein
Zwei kurze, ein langes Signal	Zielperson kommt
Zwei lange, ein kurzes Signal	Gegner in der Überzahl

Einfacher als mit einer handelsüblichen Taschenlampe lassen sich Morsezeichen mit einer Taschenlampe geben, die zusätzlich zum Ein- und Ausschalter einen Knopf für kurze Lichtsignale hat. Solche Lampen sind kaum teurer als andere.

Wenn einem von euch die Morsezeichensprache immer noch zu mühselig oder zu kompliziert ist, nicht zuletzt deswegen, weil man sich Nachrichten und Signale, die man senden will, aufschreiben sollte, um vielleicht folgenschwere Irrtümer zu vermeiden, dann kann ihm auf andere Art geholfen werden: Ebenso wie bei den Geheimzeichen können bestimmte Signale (oder Buchstaben) auf dem Lichtweg durch Blinken für individuell abgesprochene Kurzbotschaften zum Einsatz kommen.

Mit Flaggensignalen morsen

Es gibt zwar ein so genanntes Flaggen- oder Winkealphabet, bei dem der Winker in jeder Hand seiner ausgestreckten Arme eine Flagge trägt und dann – je nach Stellung der Arme – den einzelnen Buchstaben ein bestimmtes Zeichen zuordnet. Aber

Spuren lesen und Signale senden

Auch mit Flaggensignalen können Morsezeichen dargestellt und übermittelt werden.

ihr könnt es euch auch leichter machen und einfach mit Winkzeichen die Signale des Morsealphabets nachbilden.

Mit Flaggensignalen lassen sich sowohl tagsüber als auch nachts Morsesignale versenden. Für nachts eignen sich sehr helle Farben.

Wenn keine Flagge zur Hand ist, benutzt ihr ein Handtuch, ein Halstuch, Hemden, Pullover, T-Shirts oder auch einen buschigen Zweig. Du kannst die Signale auf zwei Arten hierbei übermitteln:

→ Du nimmst eine Flagge in die Hand und streckst den Arm waagerecht neben dir aus. Punkt bedeutet, wenn du den Arm senkrecht über den Kopf hebst und wieder in die Ausgangsposition zurückführst. Strich bedeutet, wenn die Flagge im Halbkreis über den Kopf geschwenkt wird.

Eine feine Kunst

→ Du verwendest zwei Flaggen: Wenn du eine waagerecht hochhebst, bedeutet das einen Punkt; wenn zwei Flaggen in die waagerechte Stellung gebracht werden, ist es ein Strich.

Wenn ein Zeichen übermittelt worden wurde, lässt du beide Arme kurz bis an die Hosennaht sinken. Das erleichtert dem Empfänger die Auswertung deiner Signale. Auf diese Weise lassen sich alle Morsezeichen durch Flaggensignale nachbilden.

Leben in der Wildnis:
Was ihr von Indianern lernen könnt

DIE RICHTIGE BEHAUSUNG

Heute sind die meisten Indianer zwar nicht mehr in der Natur, sondern in Städten oder Indianerreservaten zu Hause, aber aus der geschichtlichen Überlieferung wissen wir noch viel von ihrem ursprünglichen Leben. Das hatten sie perfekt auf die Gesetze der Natur abgestimmt, auf die Jahreszeiten ebenso wie auf den Rhythmus der Tierwanderungen.

Das Wissen der alten Indianer kann auch für euch hilfreich sein, wenn ihr heutzutage in der freien Natur unterwegs seid und entscheiden müsst, wo ihr beispielsweise am besten euer Zelt aufschlagt. Oder wollt ihr eine Indianerwaldhöhle bauen oder gar an einer Felswand campieren? Und worauf wollt ihr schlafen – auf Luftmatratzen oder Schlafmatratzen nach Indianerart? Die im Folgenden genannten Möglichkeiten erleichtern euch die Wahl.

Zelt- oder Hüttenplatz

Egal, für welche der im Folgenden beschriebenen Indianerbehausungen ihr euch entscheidet: Ihr müsst immer darauf achten, dass sie windgeschützt steht, damit der Sturm nicht den Regen hineinblasen kann. Sucht euch deshalb am besten einen Lagerplatz, der auf der Nordwestseite gegen den Wind geschützt ist. Der Eingang des Zeltes sollte nach Südosten zeigen, denn von dort ist am seltensten mit schlechtem Wetter und Wind zu rechnen.

Außerdem solltet ihr bei der Wahl des Lagerplatzes Folgendes beachten:

➜ Der Untergrund für die »Bauplätze« muss trocken und eben sein. Für den Zeltbau ungeeignet sind Mulden, Lehm- und Moosboden. Außerdem muss jede Behausung einen etwa 15 Zentimeter tiefen Wassergraben haben: Er soll wie eine Dachrinne

Was ihr von Indianern lernen könnt

das abfließende Wasser auffangen und ableiten, aber auch verhindern, dass bei starkem Regen die Wasserfluten eure Behausung unterspülen können.

→ Bei der Wahl des »Bauplatzes« für das Zelt oder die Hütte lohnt es sich, vorher einen Blick nach oben zu werfen. Denn ihr solltet eure Behausung niemals unter morsch und krank wirkenden Bäumen oder Ästen errichten. Sie könnten bei einem plötzlich aufkommenden Sturm oder Unwetter abbrechen und euch verletzen oder eure Ausrüstung beschädigen.

→ Von Vorteil wäre es natürlich auch, einen Lagerplatz in der Nähe eines Baches oder einer Quelle ausfindig zu machen. Hier könnt ihr euch waschen und das Wasser zum Trinken (vorher abkochen) oder zur Essenszubereitung holen. Wasser direkt am Lagerplatz ist auch praktisch zum Löschen eines Feuers. Ein nahe gelegener See erhöht den Spaßfaktor natürlich um ein Vielfaches!

Die Indianerwaldhöhle

Für den Bau einer Indianerwaldhöhle sammelt ihr im Wald viele große Äste, Zweige sowie Schilf und Gras. Bei der Suche habt ihr natürlich den Pfadfinder-Ehrenkodex im Hinterkopf, nach dem wir keine Äste und Zweige von den Bäumen abbrechen, sondern nur diejenigen verwenden, die wir auf dem Waldboden finden.

Wenn ihr das Material zusammenhabt, grabt ihr einen großen Ast so in den Boden, dass er einen Rundbogen bildet. Dann steckt ihr im Abstand von jeweils 50 Zentimetern weitere große Äste in den Boden, sodass viele Rundbögen hintereinander stehen. Es entsteht ein tunnelartiges Gerüst, das ihr mit anderen gesammelten Ästen verbindet und stabilisiert. Die jetzt noch freien Flächen bedeckt ihr mit Zweigen, Gras, Schilf und Blättern. Zum Schluss schnürt ihr das »Deckmaterial« mit Bindfäden am Gerüst fest – und schon ist die Waldhöhle fertig.

Damit ihr bei schlechtem Wetter nicht nass werdet, müsst ihr auf zwei Punkte besonders achten:

→ Deckt das Dach eurer Waldhütte immer von unten her, und arbeitet euch nach oben vor. Bei dieser Bauweise wird Regen besser vom Material des Daches nach außen und nach unten abgeleitet. In eine Waldhütte, bei der mit dem Dachdecken von oben her begonnen wird, wird es immer hineinregnen.

→ Spart beim Dachdecken nicht an Material! Je dichter ihr abdeckt, desto besser seid ihr vor Regen und Kälte geschützt.

Das Indianerzelt

Die klassische Behausung vieler Indianerstämme waren Zelte, auch Tipis oder Wigwams genannt. Da sie ziemlich schnell aufgebaut werden konnten, war ein häufiger Wechsel des Standortes möglich.

Auch wenn ihr wahrscheinlich meistens eure eigenen, mitgebrachten Zelte verwenden werdet: Es ist überhaupt nicht schwer, sich ein typisches Indianertipi zu bauen. Denn als Material benötigt ihr nur sechs möglichst gerade Äste (jeweils etwa 1,80 Meter lang) und eine ausreichend große Zelt- oder Plastikplane.

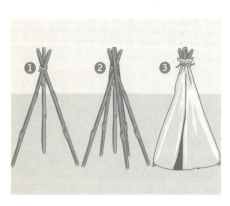

Indianerzelt mit sechs Stangen als Gerüst und Plane zur Abdeckung.

Was ihr von Indianern lernen könnt

→ Du bindest drei Stangen mit einer dicken Schnur oder Kordel an einem Ende fest zusammen.
→ Dann stellst du die zusammengebundenen Stangen so auf, dass das zusammengebundene Ende nach oben zeigt, ähnlich einer Pyramide.
→ Nun lehnst du die restlichen drei Stangen in gleichmäßigem Abstand zueinander an und bindest sie ebenfalls oben zusammen.
→ Zum Schluss legst du die Plane darüber und befestigst sie in der Mitte oben mit einer Schnur. Für den Eingang musst du ein Stück Plane offen lassen.

Camp an der Felswand

Sehr empfehlenswert und ganz einfach zu bauen ist ein einfaches Indianerzelt, wenn ihr in der Nähe einer Felswand campiert. Dann müsst ihr nämlich nur noch ein Zeltdach davor bauen.
Dazu braucht ihr mehrere lange Holzstangen, eine Zeltplane sowie Stricke oder Seile. Sucht euch am besten an der Felswand eine Stelle, die bereits einen leichten »Überhang«, also einen Vorsprung, bildet. Der schützt euch wie ein natürliches Dach vor Steinschlägen.
Unterhalb des »Überhangs« lehnt ihr die Stangen an die Felswand. Die Zeltplane legt ihr dann so über die Stangen, dass sie die von der Felswand wegweisende Seite schließt. Am Schluss wird die Plane mit Stricken an den Stangen befestigt.

Das Indianerbaumhaus

Ein Haus in den Bäumen bringt Abenteuer ganz besonderer Art mit sich. Da fühlt ihr euch wie Tarzan im Dschungel! Und die notwendigen Materialien für ein sicheres Baumhaus sind auch schnell herbeigeschafft.

Leben in der Wildnis

Das Indianerbaumhaus taugt nicht als »feste« Behausung, sondern dient als eine Art »Unterstand« zur Beobachtung von Tieren.

→ Zunächst sucht ihr euch einen großen Baum mit starken Ästen. Wichtig: An den Verbindungen zu lebenden Ästen wird auf keinen Fall geschraubt oder genagelt, es würde dem Baum Schaden zufügen.
→ Mit Seilen, Ästen und Holzlatten stellt ihr Kreuzverbindungen her und verschnürt sie auf den tragenden Ästen eures als Haus gewählten Baumes.
→ Darauf bindet ihr weitere stabile Äste oder Bretter als Boden.
→ Für die Seitenwände werden senkrechte Stricke von den unteren Tragästen eures als Haus ausgesuchten Baumes zu den darüber liegenden Ästen gespannt.
→ Zwischen die Stricke flechtet ihr Äste und Zweige, die verbleibenden Löcher schließt ihr mit Gräsern oder Schilf.

Wenn ihr überhaupt ein Dach bauen wollt, müsst ihr noch in die Äste über eurem Haus Seile spannen und diese mit Zweigen verflechten. Diese mühsame Arbeit lohnt sich jedoch nicht. Denn wirklich regendicht wird ein nach dieser Anleitung gebautes Baumhaus selten werden. Den meisten Regen hält bereits die Krone ab. Und außerdem: Zum Bewohnen ist das Baumhaus eigentlich gar nicht gedacht, sondern eher für Tierbeobachtungen oder als Aussichtsturm.

Was ihr von Indianern lernen könnt

Eine Leiter knüpfen

Um hinaufzukommen und für die Bauarbeiten selbst könnt ihr euch eine Leiter bauen. Dazu bindet ihr gesammelte Äste mit Knoten und Bünden zusammen (siehe auch Seite 69 ff.).
Einfacher – und »indianischer« – ist es natürlich, als Leiter nur ein Seil zu benutzen, in das zum leichteren Klettern und besseren Festhalten in greifbaren Abständen mehrere Knoten hineingeknüpft werden.

Schlafplatz mit Indianermatratzen

Wenn eure Behausung fertig ist, werden die Schlafplätze eingerichtet. Denn ihr solltet niemals auf dem nackten Erdboden schlafen, nicht mal zur Sommerzeit.
Nachts steigen die Bodenkälte und Feuchtigkeit in den menschlichen Körper, und ihr könnt ernsthaft krank werden. Daher empfiehlt sich eine warme und trockene Unterlage: entweder eine Luftmatratze, eine Isomatte oder sogar ein Feldbett.
Vielleicht denkt ihr jetzt: »Die alten Indianer und die Steinzeitmenschen haben doch nicht auf Luftmatratzen oder Feldbetten geschlafen!« Stimmt, die haben ihre Matratzen aus natürlichen Stoffen hergestellt. Und das könnt ihr auch.
→ Eine Naturmatratze wird aus Fichten- oder Kiefernzweigen angefertigt. Die findest du nahe einer Einschlagstelle frisch gefällter Nadelbäume.
→ Auf dem Erdboden bildest du aus dicken Ästen ein Rechteck in der Größe eines Bettrahmens.
→ Zwischen den Ästen schichtest du die ungefähr 20 bis 30 Zentimeter langen und weichen Endteile der Zweige übereinander, und zwar immer mit den Nadelspitzen nach oben.
Jetzt hast du eine warme, weiche und sehr wohlriechende Matratze, auf die du deinen Schlafsack legen kannst.

PIONIERBAUTEN UND FLÖSSE

Als Pionierbauten bezeichnet man Holzkonstruktionen, die von Pfadfindern in ihren Lagern eigenhändig gebaut werden. Dabei verzichtet man meist auf Nägel und Schrauben und verwendet stattdessen nur Seile und Holzverbindungen. Die verschiedenen Knoten und Bünde (siehe Seite 69 ff.) müssen für komplizierte Konstruktionen natürlich perfekt sitzen. Dann lassen sich auch stabile Hochbauten wie Block- oder Baumhäuser, Brücken, Türme oder Einrichtungsgegenstände herstellen. Auch hier macht, wie in vielen Fällen, Übung den Meister.

Das richtige Material

Das Hauptproblem für euch wird sein, geeignetes Baumaterial zu finden, denn ihr könnt schlecht im Wald Bäume fällen und zersägen. Auch die bereits von Waldarbeitern zum Abtransport aufgeschichteten Holzstapel solltet ihr besser nicht anrühren. Echte Pionierbauten werdet ihr deshalb in der Regel nur bauen können, wenn ihr tatsächlich mit einem Pfadfinderstamm unterwegs seid und einen mit der Forstverwaltung abgesprochenen Lager- und Bauplatz genehmigt bekommen habt, wo ihr Bäume fällen dürft oder bereits eingeschlagenes Holz zur Verfügung steht.

Arbeitswerkzeuge

Als wichtigste Werkzeuge für die Pionierarbeit benötigt ihr ein Fahrtenmesser, eine Axt und eine Säge.

Fahrtenmesser: Seine Klinge sollte aus hochwertigem Stahl sein und auf der ganzen Länge durch den Griff laufen. Prüfe die Klingenschärfe. Ist die Klinge stumpf, wird ein wesentlich höherer Kraftaufwand benötigt, und das Verletzungsrisiko steigt. Die Klinge deines Fahrtenmessers sollte immer so scharf wie möglich sein.

Axt: Damit sie genügend Durchschlagskraft hat, muss ihre Klinge mindestens 600, besser 800 Gramm schwer sein. Verwende nur eine Axt mit Holzgriff – der liegt am sichersten in der Hand und federt die Schläge zum Arm hin am besten ab, schont deine Muskeln und Gelenke. Achte beim Gebrauch der Axt unbedingt darauf, dass keine Personen in deiner Nähe sind, damit sie bei einem versehentlichen Fehlschlag nicht verletzt werden. Und pass auf deine Füße und Beine auf, wenn du zuschlägst. Am besten stellst du dich beim Arbeiten mit der Axt immer breitbeinig hin.

Säge: Als für echte Pionierarbeit unersetzliche Säge eignet sich eine Bügelsäge, bei der in den gebogenen Bügel aus Rundstahl ein dünnes, etwa 50 bis 80 Zentimeter langes Sägeblatt eingespannt ist. Praktisch sind aber auch die mehr als einen Meter langen klassischen Baumsägen, bei denen an beiden

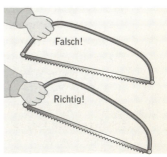

Unentbehrliches Werkzeug: Fahrtenmesser (oben), Axt (Mitte) und Bügelsäge mit richtiger Grifftechnik (unten).

Enden des großen Sägeblattes jeweils ein Holzgriff befestigt ist und die deshalb immer von zwei »Sägern« bedient werden müssen.

Bäume fällen?

Wie schon gesagt: Meistens wird sich die Frage des Bäumefällens nicht stellen, weil es dafür keine Genehmigung gibt. Falls aber doch, solltet ihr als echte Abenteurer natürlich wissen, wie ihr kundig vorzugehen habt.

→ Als Erstes muss einer aus eurer Gruppe an dem Baum, der gefällt werden soll, hochklettern.

→ Möglichst weit oben bindet er – dies ist eine Sicherheitsmaßnahme – zwei Seile fest, und die anderen verankern die Enden in großzügiger Entfernung zum Stamm links und rechts der beabsichtigten Fallrichtung am Boden. So wird verhindert, dass der Baum in die falsche Richtung stürzt und dadurch zur Gefahr für euch und andere wird.

→ Jetzt geht's ans Sägen: Zuerst sägt ihr den Stamm mit einem waagerechten Schnitt genau in der geplanten Fallrichtung bis zur Mitte ein.

→ Diesen Schnitt verbreitert ihr mit dem Beil zu einer Kerbe, indem ihr schräg von oben und unten eine keilförmige Aussparung in den Stamm hineinschlagt.

→ Auf der gegenüberliegenden Seite sägt und hackt ihr ungefähr 10 bis 15 Zentimeter höher die nächste Kerbe; in den meisten Fällen muss sie nur bis zu einem Drittel in den Stamm getrieben werden.

→ Wenn ihr alles richtig gemacht habt, beginnt der Baum ganz von selbst in die Richtung der ersten, unteren Kerbe zu kippen.

Was ihr von Indianern lernen könnt

Probelauf im Miniformat

Auch wenn ihr im Moment gerade keine Gelegenheit habt, Bäume zu fällen, oder euch nicht ausreichend geschlagenes Holz für Pionierbauten zur Verfügung steht: Ihr könnt schon mal üben, wie sich Brücken, Leitern oder Unterstände ohne Hammer und Nägel konstruieren lassen. Ihr baut sie einfach im Miniformat mit dünnen Ästen, Zweigen und Bindfäden statt stabiler Seile.

Bevor ihr beginnt, im Kleinen oder im Großen, ist es von Vorteil, wenn ihr eine Zeichnung anfertigt. Dabei geht ihr in der gleichen Reihenfolge vor wie beim späteren Zusammenbinden der Holzteile. So habt ihr nicht nur eine genaue Vorstellung davon, wie das fertige Werk aussehen soll, sondern auch einen Bauplan, mit dessen Hilfe ihr die Abfolge der verschiedenen Arbeitsschritte planen und kontrollieren könnt.

Beim Bau solcher Kunstwerke im Kleinformat arbeitet ihr mit den gleichen Werkstoffen wie beim echten Pionierbau: mit Holz und Tauwerk. Dabei lernt ihr spielend, wie sich durch geschickte Holzverbindungen Stabilität herstellen lässt. Außerdem benutzt ihr dieselben Knoten und Bünde wie beim echten Pionierbau – nur dass ihr in diesem Fall mit dicken Seilen und Tauen statt mit Bindfaden arbeitet. Deshalb musst du auch die richtigen Knoten und Bünde kennen (siehe Seite 69 ff.).

Ein Floß bauen

Nach euren Vorarbeiten im Miniformat ist es jetzt höchste Zeit, das Erlernte in natürlicher Größe beim Bau eines Floßes anzuwenden. Wenn ihr euch in der Nähe von Wasser niederlasst und beispielsweise im Rahmen eines echten Lagers auch die Möglichkeit zu größeren Bauarbeiten habt, bietet sich diese Freizeitbeschäftigung von selbst an: ein Floß oder Kanu

Leben in der Wildnis

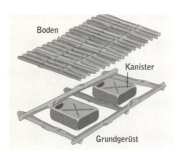

Grundgerüst und Boden eines Floßes werden nur durch Seilverbindungen zusammengehalten; für die Größe der Kanister ist die erwünschte Tragfähigkeit maßgebend.

bauen, die euch als aufregendes Fortbewegungsmittel oder als Badeinseln dienen können.

Das Grundgerüst eines Floßes ist ein viereckiger Holzrahmen, der ohne Nägel und Schrauben nur mit Seilverbindungen angefertigt wird (siehe Seite 69 ff.). Auf diesen Rahmen legt ihr den Boden aus Holzbrettern oder Stangen bzw. dicken Ästen. Darunter befestigt ihr aufgepumpte Autoreifen oder auch Plastikkanister, damit das Floß über Wasser bleibt.

Berechnung der Tragfähigkeit

Ein Floß für mehrere Personen muss sehr stabil und sicher sein. Daher ist seine Tragfähigkeit genau zu berechnen. Ermittelt wird zunächst das Gewicht der Personen, die das Floß tragen soll. Daraus könnt ihr erkennen, wie viel Auftrieb ihr ihm mit Schwimmhilfen geben müsst. Es gelten die folgenden Faustregeln:
→ Der Schlauch eines Autoreifens trägt 30 Kilogramm.
→ Der Schlauch eines Lastwagenreifens trägt etwa 50 Kilogramm.
→ Ein Kubikmeter Holz, das im Wasser schwimmt, vermag etwa 200 Kilogramm zu tragen.
→ Bei Kanistern oder Fässern richtet sich die Tragfähigkeit nach dem Fassungsvermögen in Litern. Jedem Liter entspricht eine Tragfähigkeit von knapp einem Kilogramm.

Was ihr von Indianern lernen könnt

Auf zur Jungfernfahrt

Bevor es richtig losgeht, bestimmt ihr einen Kapitän, der das Kommando übernimmt. Alle an Bord Anwesenden tragen natürlich Schwimmwesten, und wenigstens einer von euch sollte im Rettungsschwimmen ausgebildet sein. Trotzdem sollten vor der Jungfernfahrt einige gute Schwimmer mit dem Floß ein paar Kenterübungen vornehmen. An ungefährlichen Stellen könnt ihr auch das Ablegen, Landen und Steuern trainieren.
Steuern lässt sich das Floß am leichtesten, indem auf der Seite, in deren Richtung es sich bewegen soll, kräftiger gerudert wird als auf der anderen. Außerdem könnt ihr euer Floß mit Stangen steuern oder mit vereinten Kräften vorwärts staken.
Als Gewässer für eure Jungfernfahrt empfiehlt sich beispielsweise ein kleiner See. Denn überall dürft ihr mit eurem Floß nicht herumfahren. Auf Flüssen etwa, wo auch Schiffe unterwegs sind, muss die Binnenschifffahrtsstraßenordnung eingehalten werden, nach der ein selbst gebautes Floß praktisch nicht zugelassen ist oder eine Sondergenehmigung erteilt bekommen müsste.

Holz ist nicht gleich Holz

Für den Bau von Flößen, aber auch für einige der in diesem Unterkapitel beschriebenen Pionierarbeiten ist es wichtig zu wissen, welches Holz sich jeweils am besten eignet. Denn die verschiedenen Arten haben ganz bestimmte Eigenschaften, die sie nicht für jeden Zweck brauchbar machen. Es ist also von einigem Vorteil, wenn man die Bäume kennt und erkennt – das Leben in und mit der Natur wird dadurch um vieles einfacher.
Denkt aber daran, dass ihr nicht unbedingt frisches Holz verarbeiten sollt. Herumliegende Äste können beliebig für Schnitzversuche oder als Brennmaterial verwendet werden. Ansonsten aber schützt die Bäume, denn sie sind wichtige Sauerstoffspen-

Blitzübersicht zur Verwendung der häufigsten Holzarten

Baumart	Besondere Eigenschaften
Ahorn	Sehr hartes Holz, gutes Brennholz, geeignet für Werkzeugstiele
Birke	Rinde eignet sich gut zum Anzünden von Lagerfeuern, Holz brennt auch im nassen Zustand; Blätter haben heilende Wirkung
Buche	Gibt lange glühendes Brennholz, ist deshalb ideal zum Grillen und zum Befeuern von Naturbacköfen; eignet sich auch hervorragend zum Bau von Möbeln und Brücken
Eibe	Hart, aber biegsam, gutes Grillholz, geeignet für Werkzeugstiele und Skistöcke; Achtung: Samen, Zweige und Rinde sind sehr giftig
Eiche	Gutes Brennholz; hervorragend geeignet zum Bau von Booten, Bootsstegen, Brückenpfeilern
Erle	Schlechtes Brennholz; geeignet für Bauten im Wasser
Esche	Hartes, aber biegsames Holz; gutes Grillholz, geeignet für Werkzeugstiele und Skistöcke
Fichte	Gutes Brennholz, das aber Glut und Funken spritzen lässt; geeignet zum Bau von Möbeln, Türmen, Brücken und Flößen
Haselnuss	Weiche, biegsame, aber stabile Äste; geeignet für Stöcke (Grillen oder Angeln), gutes Brennholz
Kastanie	Brennt sehr schlecht, Holz fault nicht und empfiehlt sich deshalb für Wasserbauten jedweder Art; die Früchte der Edelkastanie (Maronen) sind in gerösteter Form essbar
Lärche	Holz fault nicht, daher gut für alle Wasserbauten; geeignetes Anzündeholz für Lagerfeuer
Linde	Sehr gut geeignet für alle Schnitzarbeiten
Tanne	Gutes Brennholz, das aber Glut und Funken spritzen lässt; ideal zum Bau von Brücken, Türmen und Flößen

Was ihr von Indianern lernen könnt

der für die Umwelt und bieten den Vögeln Nistplätze. Schneidet und schnitzt daher niemals an einem Baum herum!

KNOTEN UND BÜNDE

Wenn du die Seilkunde, die du nicht nur zum Bau von Flößen benötigst (siehe Seite 65 f.), beherrschst, kannst du richtige pfadfinderische Pionierarbeit leisten. Allerdings ist es hierfür notwendig, dass du über einige Knoten und Bünde Bescheid weißt. Dann brauchst du keine Schrauben und Nägel und kannst Brücken, Türme und Baumhäuser praktisch ohne zusätzliche Hilfsmittel bauen.

Seile: Die Sicherheit ist lebenswichtig

Sicherheit ist bei Seilen oberstes Gebot. Prüfe daher in regelmäßigen Abständen, ob die Seile noch in Ordnung sind, denn ein einziges nicht mehr funktionstüchtiges Seil kann deine Bauwerke zum Einsturz bringen. Dir und anderen Pfadfindern drohen dann schwere Verletzungen.

→ Damit Seile nicht reißen, müssen sie immer sauber und trocken gehalten werden.

→ Reibe sie zum Schutz und zur Pflege regelmäßig mit Vaseline ein.

→ Nach vier Jahren ist die Sicherheit eines Seils nicht mehr gewährleistet – du solltest es austauschen.

→ Auch ein Seil, das einmal gefroren war, bei Minustemperaturen oder Feuchtigkeit im Freien gelegen ist, kann Bruchstellen zeigen und gehört in den Mülleimer.

→ Seile, die zum Abseilen oder bei Rettungsaktionen im Wasser verwendet werden, müssen hundertprozentig sicher sein. Kauft für diese Zwecke gesonderte Seile, und zwar die UIAA-geprüften Elfmillimeter-Kernmantelseile (UIAA steht für Internationale Union der Bergsteiger-Verbände).

Knoten, die garantiert halten

Durch Knüpfen von Knoten bindet oder baut man etwas mit Seilen zusammen, beispielsweise eine Hängematte, eine Strickleiter oder eine Angel.
Vielleicht fragst du dich, warum man dafür spezielle Knoten verwenden sollte und nicht irgendeinen machen kann. Die Antwort lautet: Die im Folgenden hier gezeigten Spezialknoten sind für ganz bestimmte Zwecke gedacht, weil sie garantiert halten.
Andererseits lassen sie sich später aber auch wieder ganz leicht aufknüpfen – und das gelingt bei frei ausgedachten Knoten selten, vor allem weil man leicht vergisst, wie genau man sie geschlungen hat.
Hier nun die einzelnen Spezialknoten und der Zweck, zu dem sie von Pfadfindern verwendet werden.

Flacher Weber- und Samariterknoten
Bei diesem Knoten verknüpfst du zwei gleich dicke Seile oder Verbandmaterial miteinander; er wird in der Regel benutzt, weil er keine Druckstellen erzeugt.

Gekreuzter Weberknoten
Diesen Knoten, auch Kreuzknoten genannt, verwendest du, um gleich dicke Seile sicher miteinander zu verbinden.

Anglerknoten
Dieser Knoten eignet sich zur Verbindung zweier unterschiedlicher Seile.

Die Rettungsschlinge
Mit dieser Schlinge werden Verletzte beim Klettern geborgen oder Verunglückte aus dem Wasser gezogen. Die Rettungsschlinge rutscht nicht und hält sämtliche Befestigungen an einem Ast.

Trompetenstich
Möchtest du einmal ein Seil verkürzen, ist der Trompetenstich die richtige Wahl.

Mastwurf, Achterschlinge, Zimmermannsknoten
Für die Sprossen einer Strickleiter zum Baumhaus eignen sich diese drei Knoten. Mit ihnen kannst du außerdem ein Seil an einem Pflock befestigen.

Flaschenknoten
Mit diesem Knoten gelingt es dir spielend, Sprossen zum Klettern an Seilen zu befestigen und Strickleitern herzustellen.

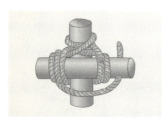

Kreuzbund
Beim Kreuzbund wird das Seil mit der Achterschlinge an eine Stange gebunden und abwechselnd im rechten Winkel über die als Kreuz gelegten Stangen gezogen. Dann zurrst du das Seil zwischen den Stangen um die Verschnürung im Kreis und befestigst es mit einer Achterschlinge, wie rechts oben zu sehen ist.

Diagonalbund
Bei diesem Bund wird das Seil mit einem Zimmermannsknoten diagonal über die x-förmig gelegten Stangen gebunden und dann weiter diagonal kreuz und quer geschnürt. Zum Schluss zurrst du das Seil wie beim Kreuzbund um die Verschnürung und befestigst es mit einer Achterschlinge.

Längsbund
Beim Längsbund wird das Seil mit einer Achterschlinge an einer Stange festgemacht und um die parallel nebeneinander liegenden oder stehenden Stangen herumgeschnürt. Dann wird es um die Verschnürung festgezurrt und mit einem Achterknoten befestigt.

Zu Tisch in der Natur:

Wenn der kleine und der große Hunger kommen

FRISCHES AUS DEM WALD

Bei euren Abenteuern in der freien Natur und besonders bei den Pionierarbeiten wird euch bestimmt irgendwann der Hunger überkommen. In diesem Kapitel erfahrt ihr, wie ihr ihn stillen könnt: am Lagerfeuer mit leckeren gekochten Gerichten oder mit frischen Früchten aus dem Wald für den kleinen Hunger zwischendurch.

In den Sommermonaten z. B. lassen sich allerlei Beeren finden. Natürlich müsst ihr wissen, welche genießbar sind und welche ihr auf keinen Fall verzehren dürft (siehe Kasten). Grundsätzlich solltet ihr euch angewöhnen, nur solche Waldfrüchte zum Essen zu sammeln, die ihr ganz genau kennt. Die folgenden Früchte könnt ihr roh verzehren oder mit Zucker kochen, um daraus einen schmackhaften Brotaufstrich zuzubereiten.

Brombeeren

Die glänzenden Früchte der Schwarzbrombeere schmecken süßsauer. Du kannst sie von Ende Juli bis September sammeln.

Himbeeren

Die dunkelrosa Früchte kannst du ab Juni ernten. Sie sind sehr süß. Vor dem Verzehr solltest du dich immer vergewissern, ob sich nicht kleine Würmer eingenistet haben.

Walderdbeeren

Die Walderdbeeren sehen aus wie die Erdbeeren aus dem Garten, sie sind nur viel kleiner und haben ein etwas feineres Aroma. Ab Juni kannst du sie pflücken.

Wenn der kleine und der große Hunger kommt

Heidelbeeren

Diese blauschwarzen runden Beeren heißen auch Blaubeeren oder Waldbeeren. Sie enthalten einen dunkelroten Saft, der Zähne, Zunge und Lippen schwarzrot färbt. Erntezeit ist von Ende Juli bis September.

> **Giftige und tödliche Beeren**
>
> Giftig und sogar tödlich sind die kleinen roten Vogelbeeren und die schwarzvioletten Beeren der Tollkirsche. Diese wächst in Laub- oder Mischwäldern, aber auch an Waldwegen oder auf Waldlichtungen.

Bucheckern

Die dreieckigen Baumfrüchte der Buchen findest du von August bis Oktober in Laubwäldern auf dem Boden. Nach dem Entfernen der äußeren Schale, die sich leicht mit den Fingernägeln abziehen lässt, kannst du den Kern essen. Damit du keine Bauchschmerzen kriegst, solltest du nicht mehr als eine große Hand voll Kerne pro Tag verzehren.

Andere Waldfrüchte sind ebenfalls genießbar, müssen aber warm zubereitet werden. Echte Indianerrezepte findest du ab Seite 89, nachdem besprochen worden ist, was man alles rund ums Lagerfeuer wissen muss.

LAGERFEUER FÜR DIE ABENTEUERKÜCHE

Ohne Lagerfeuer machen Abenteuer in der Natur nur halb so viel Spaß. Denn ein Feuer ermöglicht das Zubereiten von Mahlzeiten unter freiem Himmel, spendet abends romantisches Licht und kuschelige Wärme. Dabei darf aber nicht vergessen werden, dass jedes Feuer gefährlich werden kann: für euch, für andere und für die Natur. Deshalb gilt es immer einige Sicherheitsregeln zu beachten.

Zu Tisch in der Natur

Dieser Kochtopf, über ein Galgen- oder Dreibeinfeuer gehängt, ist ein unentbehrliches Geschirr für jeden Waldabenteurer.

→ Lagerfeuer zünden wir nur im Beisein von erfahrenen Gruppenleitern oder Erwachsenen an.

→ Das Feuer behalten wir immer im Auge, ein »Brandmeister« oder besser zwei werden bestimmt und halten sich ständig an der Feuerstelle auf.

→ Wir legen einige Decken zurecht, mit denen das Feuer notfalls erstickt werden kann. Für den gleichen Zweck stellen wir einen Eimer mit Löschwasser bereit und schaffen vor dem Anzünden Löschsand heran.

→ Wir entzünden ein Feuer niemals auf Privatgrundstücken oder unerlaubten Plätzen.

→ Nach Möglichkeit benutzen wir zum Feuermachen nur diejenigen Plätze, die von der örtlichen Forstverwaltung extra zum Grillen freigegeben wurden und auf denen Feuerstellen bereits angelegt sind.

→ Keinesfalls entzünden wir ein Feuer im Wald, in der Nähe einer Straße, Autobahn oder Bahnstrecke, sondern nur im freien Gelände, am besten in der Nähe eines Baches, am See oder an einem Flussufer. Vom Waldrand halten wir immer einen Abstand von mindestens 50 Metern ein.

→ Wir prüfen vorher, aus welcher Richtung der Wind kommt und wie stark er ist. Bei auffrischendem oder kräftigem Wind müssen wir den Abstand zu kritischen Stellen (z. B. zum Waldrand) erheblich vergrößern.

→ Als Brennmaterial verwenden wir nur altes, abgefallenes, trockenes Holz. Frische Äste von Bäumen oder Büschen brechen wir nicht ab, denn sie qualmen und brennen

Wenn der kleine und der große Hunger kommt

schlecht. Wir verbrennen keinen Müll und keine Kunststoffe oder Gummi.

→ Niemals verwenden wir Benzin oder Spiritus für unser Lagerfeuer – beides kann zu explosionsartigen Verpuffungen mit schwersten Verletzungen führen. Zum Entfachen des Feuers benutzen wir, falls es anders nicht gelingt, Grillanzünder.

→ Wenn wir das Feuer ausmachen möchten, ziehen wir die Restglut mit Stöcken auseinander und löschen sie gründlich mit Wasser. Auch über ein schon erloschenes Feuer kippen wir zur Sicherheit Löschwasser.

Vorbereitung des Feuers

Wenn für das Lagerfeuer ein sicherer Platz gefunden ist, muss als Erstes die Feuerstelle vorbereitet werden. Diese muss sich auf nackter, fester Erde befinden, das heißt, ihr müsst den Untergrund säubern, Laub und kleine Steine entfernen.

Gutes Feuerholz finden

Dann macht ihr euch auf die Suche nach geeignetem Feuerholz. Am besten sucht ihr unter Eichen, Buchen und Ulmen nach herabgefallenen Zweigen und Ästen, denn dieses Holz brennt vorzüglich. Birkenrinde, Birkenzweige und -äste brennen sogar in nassem Zustand. Doch auch an Regentagen findet ihr die abgestorbenen Zweige an der Südostseite von Baumstämmen in meist trockenem Zustand vor. Ebenso bleiben die gut brennbaren Fichtenzapfen vom Regen weitgehend verschont, weil sie unter dem Schutz der Äste wachsen. Das gesammelte Brennholz legt ihr in sicherer Entfernung von der Feuerstelle ab. Jetzt wird es richtig spannend!

→ Angezündet wird das Feuer zunächst nur mit Papier, Pappe, Reisig und dünnen Hölzern oder einem Grillanzünderwürfel.

Danach legt ihr die Streichhölzer von der Feuerstelle möglichst weit weg!

→ Dickere Hölzer werden erst aufgelegt, wenn sich nach dem Entfachen eine erste leichte Glutschicht auf dem Boden der Feuerstelle gebildet hat.

Feuer für verschiedene Zwecke: Pagodenfeuer (oben), Grabenfeuer (Mitte) und Grubenfeuer (unten).

Kleine Feuerkunde

Es gibt mehrere Arten von Feuer, die sich für verschiedene Zwecke eignen. Die Feuerstelle wird in einer bestimmten Form angelegt oder das Holz z. B. in einer ganz typischen Weise geschichtet. Hier die wichtigsten Arten, die ihr kennen solltet.

Pagodenfeuer

Beim Pagodenfeuer werden dicke Holzscheite tempelartig quadratisch aufeinander gestapelt; nach oben hin wird der Durchmesser immer kleiner. Es eignet sich hervorragend für ein weit sichtbares Signalfeuer und für ein großes Lagerfeuer.

Sternfeuer

Beim Sternfeuer werden die Hölzer von vielen Seiten sternförmig in die Glut gelegt und immer wieder neue nachgeschoben. Man nennt es auch Jäger- oder Trapperfeuer. Es ist für versteckte Feuer geeignet, die wenig Rauch entwickeln. So werden weder Tiere verscheucht noch Feinde angelockt.

Grabenfeuer

Bei sehr starkem Wind kann ein Feuer im Graben entzündet werden, daher der Name Grabenfeuer. Achtet dabei auf die richtige Beschaffenheit des Untergrunds.

Grubenfeuer

Beim Grubenfeuer ist ebenfalls die Glut geschützt. In einem ringförmig ausgehobenen Erdloch wird mit weichem Holz ein Pyramidenfeuer entzündet. Wenn es richtig gut brennt, legt ihr viel Hartholz darüber. Dann deckt ihr als »Deckel« einen Stein über die Grube, der die Luftzufuhr reguliert. Wenn die Flammen erloschen sind, hält sich die wärmende Glut noch viele Stunden.

Polynesierfeuer

Wenn ihr bei starkem Regen und Sturm kochen müsst, ist das Polynesierfeuer die richtige Wahl. Eine kegelförmige Grube wird geschaufelt; oben muss sie etwas größer als der Kochtopf sein. Die inneren Wände der Grube werden ringsum mit einer Schicht hartem Holz ausgekleidet. In der tiefen Grubenmitte entzündet ihr das Feuer mit leicht brennbarem Weichholz. Wenn das Hartholz glüht, wird der Kochtopf so tief in die Grube hinuntergelassen, bis er klemmt. Bei starkem Regen müssen Feuer und Kochtopf durch ein kleines Holzdach aus grünen Ästen und Blättern geschützt werden.

Zu Tisch in der Natur

Für das Polynesierfeuer (oben) wird ein Erdloch ausgehoben; Galgenfeuer (Mitte) und Dreibeinfeuer (unten) entzündet man auf freier Fläche.

Galgenfeuer

Beim Galgenfeuer wird eine dicke Astgabel in den Boden gerammt. In diese legt ihr einen langen stabilen Ast, der auf der einen Seite fest in der Erde steckt und auf der anderen den Kochtopf hält. Darunter richtet ihr das Feuer an.

Hirtenfeuer

Das Hirtenfeuer wird zwischen drei gleich großen Steinen angelegt, auf die der oder die Kochtöpfe gestellt werden.

Dreibeinfeuer

Für ein Dreibeinfeuer werden drei etwa 1,80 Meter hohe dicke Äste im Dreieck in die Erde gesteckt und die oberen Astspitzen fest zusammengebunden. An diesem Dreibein hängt ihr den Topf über das Feuer.

Wenn der kleine und der große Hunger kommt

Feuer machen wie die Indianer

Für uns heute ist es natürlich einfach, ein Feuer mit Streichhölzern oder einem Feuerzeug zu entzünden. Aber die alten Naturvölker hatten solche Mittel nicht und mussten sich auf andere Weise behelfen.
Die Indianer drehten die Sehne eines Bogens einfach oder doppelt um einen harten Holzstab, den sie mit einem Stein fest auf ein besonders trockenes Weichholzstück drückten. Mit sägenden Bewegungen des Bogens quirlten sie den Holzstab schnell hin und her, sodass er sich in das weiche Holz hineinbohrte und durch die Reibung eine Glut erzeugte.

Der Trick der Eskimos

Die Eskimos machen sogar – heute noch! – Feuer mit Wasser, und zwar mit gefrorenem! Sie schleifen und schmirgeln einen Eisbrocken zwischen ihren Händen, bis er die Form einer handtellergroßen Linse hat. Dann lassen sie die Sonne durch den Eisbrocken auf Material scheinen, das leicht entzündlich ist. Schon nach kurzer Zeit kräuseln sich sehr feine Rauchfähnchen, und eine kleine Flamme wird sichtbar.
Diese Methode muss natürlich geübt werden. Außerdem führt sie nur dann zum Erfolg, wenn der Eisbrocken klar und frei von Schlieren und Rissen ist. Er muss ganz gleichmäßig geschliffen werden, was Geduld, Geschicklichkeit und Routine erfordert. Bei der geringsten Unregelmäßigkeit der Oberfläche entzündet sich das Feuer nicht.
Warum sich mit dem geschliffenen Eisstück Feuer machen lässt, ist einfach zu erklären: Die Linse aus Eis ist ein Brennglas. Als Brennglas eignen sich jedoch alle Sammel- oder Konvexlinsen. Du erkennst sie daran, dass sie in der Mitte dicker sind als am Rand: Jede kann Sonnenstrahlen bündeln. Und die Stelle, wo sich alle gebündelten Sonnenstrahlen vereinen, ist der Brenn-

punkt. Die Temperatur der gebündelten Sonnenstrahlen ist an diesem Punkt so hoch, dass sich leicht brennbares Material entzünden lässt.

Fotoapparate und Brillen als Feuerzeug

Deshalb kannst du sowohl das Objektiv eines Fotoapparates als auch eine Brille als Brennglas verwenden. Allerdings muss es eine Brille gegen Weitsichtigkeit sein, wie sie häufig von Erwachsenen getragen wird. Von meist Jugendlichen gegen Kurzsichtigkeit getragene Gläser sind in der Mitte dünner als am Rand und taugen als Brennglas zum Feuermachen nicht.

Kochen unter freiem Himmel

Für echte Waldabenteurer ist ausreichende Verpflegung unverzichtbar. Wenn ihr länger als einen Tag unterwegs seid, reichen ein paar Schoko- oder Knabberriegel nicht aus. Dann ist es gut, Dosen mit Suppen und noch einiges mehr mitzunehmen.

Damit alle auf der Checkliste genannten Gegenstände (und das sind eine ganze Menge!) und die Grundverpflegung in euren Rucksack hineinpassen und ihr unterwegs nicht jedes Mal umständlich herumkramen müsst, wenn ihr etwas sucht sind das richtige Packen und vor allem eine durchdachte Reihenfolge wichtig. Eine gewisse Ordnung gewährleisten beispielsweise Rucksäcke mit zwei Kammern und mehreren kleinen Taschen.

➜ Soll der Inhalt des Küchenrucksacks auf mehrere Rucksäcke verteilt werden, packt ihr zunächst die in Plastik eingewickelte Wäsche nach unten.

➜ Die schweren Teile der Küchenausrüstung verstaut ihr in Rückennähe, die leichteren weiter außen.

Wenn der kleine und der große Hunger kommt

Checkliste für den Küchenrucksack

Verpflegung/Zubehör	Gepackt	Noch nicht gepackt
Campinggeschirr (Teller, Becher, aus Kunststoff)	❏	❏
Bestecke aus Kunststoff oder Aluminium	❏	❏
Holzbrettchen	❏	❏
Plastikbecher für kalte Getränke	❏	❏
Kochgeschirr (Pfannen und Töpfe mit klappbaren Henkeln) oder Hordentopf, Draht als Topfaufhänger	❏	❏
Zusammenfaltbare Wasserkanister	❏	❏
Dosenöffner	❏	❏
Taschenmesser oder Fahrtenmesser	❏	❏
Papiertüten oder Mülltüten zum Zubinden	❏	❏
Papiertücher zum Abwischen	❏	❏
Salz, Pfeffer	❏	❏
Zuckertütchen oder -würfel	❏	❏
Tütensuppen oder Suppenwürfel	❏	❏
Teebeutel oder Teepulver	❏	❏
Koffeinfreies Kaffeepulver	❏	❏
Saft in Pulverform	❏	❏
Tubenmarmelade	❏	❏
Tubenmargarine	❏	❏
Hartwurst oder Dosenwurst	❏	❏
Dosenfertigmahlzeiten	❏	❏
Schokoriegel, Nüsse, Studentenfutter, Chips	❏	❏
Brot in wiederverschließbaren Dosen	❏	❏
Neutralseife (auch zum Wäsche waschen)	❏	❏

Zu Tisch in der Natur

Tipps für den Koch

Der Koch steht immer in der Richtung vor dem Feuer, aus der der Wind kommt. Er achtet darauf, dass die Flammen nicht in den Topf schlagen, das heißt, es darf nicht zu viel Brennholz nachgelegt werden. Falls mal Fett in Brand geraten sollte, darf er es keinesfalls mit Wasser löschen. Das könnte zu einer Fettexplosion führen. Am besten legt er ganz kurz eine Decke (nicht aus Kunststoff) oder ein bereitgehaltenes feuchtes Hand- oder Badetuch darüber. Damit kann er die Flammen sofort ersticken.

→ Den Rucksack tragt ihr hoch und möglichst nahe am Körper.

→ Entlasten könnt ihr den Rücken mit einem Rucksack, der zusätzlich mittels eines Hüftgurts getragen werden kann.

→ Ihr packt nur das Notwendigste ein.

Am offenen Feuer

Um ein klassisches Küchenfeuer (Dreibeinfeuer; siehe Seite 80) vorzubereiten, benötigt ihr außer eurem Topf noch Topfaufhänger aus Schnur oder besser aus Draht, starke Äste und natürlich Brennholz.

→ Zunächst steckst du die starken Äste im Dreieck fest in den Boden und bindest sie oben an der Spitze mit einem Draht oder einer dicken Schnur zusammen.

→ Dann hängst du den Topf auf, indem du den Topfaufhänger an den drei oberen Stockenden sicher befestigst. Achte unbedingt darauf, dass der Topf ungefähr 30 Zentimeter über dem Boden hängt.

→ Nun bereitest du die Feuerstelle selbst in der Weise vor, wie auf Seite 77 beschrieben.

Wenn der kleine und der große Hunger kommt

Während der Fahrt

Bei längeren Fahrten oder wenn ihr täglich ein anderes Ziel ansteuert, müsst ihr jeweils eine neue Kochstelle einrichten. Dann ist es sinnvoll, ein einmal gefundenes gutes Dreibein zum Aufhängen des Fahrtentopfes immer an den nächsten Lagerplatz mitzunehmen.

Noch wichtiger aber ist es – vor allem wenn nur ein Hordentopf mitgenommen wird –, sich schon vor der Abenteuerfahrt Gedanken über den Speiseplan zu machen. Denn auch wenn ihr nur mit einem Hordentopf unterwegs seid, heißt das noch lange nicht, dass es jeden Tag nur Suppe oder Eintopf geben muss. Auch Spaghetti mit Sauce können auf dem Speiseplan stehen – da ist der Koch gefordert. In diesem Fall müsste er erst die Sauce zubereiten, sie dann in einem Gefäß zwischenlagern, die Nudeln kochen und, wenn die fertig sind, die Sauce schon vor dem Servieren unter die Nudeln rühren. Dann kommt alles heiß auf den Teller.

Kocher als Ersatz

Es gibt Gegenden, in denen es verboten ist, ein offenes Feuer zu entfachen. Wenn ihr den Abenteuerplatz, den ihr ausgesucht habt, noch nicht näher kennt, empfiehlt es sich in jedem Fall, einen Kocher mit in die Ausrüstung zu packen. Von den vielen verschiedenen Kochern sind eigentlich nur zwei für eure Zwecke interessant:

➜ Der Gaskocher, der mit austauschbaren Gaskartuschen beheizt wird, wenig Platz wegnimmt und dessen Topfhalter sich Platz sparend zusammenklappen lässt.

➜ Der praktische Festbrennstoffkocher, der mit Esbit betrieben wird und ebenfalls sehr kleine Abmessungen hat.

Festzuhalten bleibt allerdings, dass diese Geräte einen geringeren Brennwert haben als andere Kocher.

Gerichte aus der Kochkiste

Eine andere Möglichkeit, Gerichte ohne offenes Feuer genießbar zu machen, ist Kochen in der Kochkiste. Das funktioniert nach dem Prinzip, dass Wärme in einem abgeschlossenen Raum, der mit Stroh oder anderen dämmenden Stoffen isoliert ist, gespeichert wird. Ihr grabt also ein tiefes Erdloch und stellt euren Kochtopf mit der kochenden Speise hinein. Dann schließt ihr das Loch, indem ihr z. B. Heu hineinpresst und oben einen großen Stein drauflegt. Die Speise im Topf gart im Dampf nach und kann über Stunden warm gehalten werden, ohne dass sie anbrennt.

In der Kote

Eine Kote nennt man ein aus vier Planen zusammengesetztes Feuerzelt der Pfadfinder, dessen Bahnen auf Wanderungen leicht transportiert werden können.

Den Boden der Kote bildet die Erde, auf der ihr Reisig und dann Isomatten auslegt.

Im Zentrum der Kote befindet sich die Feuerstelle, auf der bei schlechtem Wetter auch im Hordentopf gekocht werden kann.

Die klassische Kotenfarbe ist Schwarz. Schwarze Koten eignen sich hervorragend für individuelle Malereien oder Ornamente, die eine bestimmte Pfadfindergruppe kennzeichnen und sie auf diese Weise unverwechselbar machen. In Geschäften für Abenteuer- oder Pfadfinderausrüstung werden mittler-

Kote: Das Feuerzelt wird durch das oben in der Mitte an den zusammengebundenen Stämmen aufgehängte Kotenkreuz gehalten.

Wenn der kleine und der große Hunger kommt

weile aber auch Koten in anderen Farben angeboten. Und so wird die Kote aufgebaut:
→ Ihr bindet zwei bis drei vier Meter lange, dünne Baumstämme zu einer Schere oder einem Dreibein zusammen. An diesen zusammengebundenen Stämmen hängt das Kotenkreuz, das die Kotenbahnen hält.
→ Ihr spannt die Kotenbahnen über die Stämme. Sie sind drei Meter lang und an den Seitenstreifen jeweils 1,80 Meter breit.
→ Das Rauchabzugsloch am Kotenkreuz könnt ihr bei starkem Regen (oder wenn ihr gerade kein Feuer macht) mit einer Abdeckplane verschließen.
→ Gegen Windzug im Zelt helfen Randstreifen, die unten an den Kotenbahnen mit »Heringen« befestigt werden.

Tipps für die Lagerküche

Wenn ihr ein Lager für mehrere Tage aufschlagt, ist es ratsam, ein Küchenzelt einzurichten, in dem ausschließlich Lebensmittel und Kochausrüstung gelagert werden. Die Lebensmittel sollten möglichst kühl gelagert werden und müssen, sofern es sich nicht um Konserven handelt, schnell verarbeitet werden. Für das Küchenzelt sollte immer ein Team im Wechsel verantwortlich sein.

Einen Kühlschrank selbst bauen

Viele Speisen, Obst, Gemüse, angebrochene Dosen müssen kühl aufbewahrt werden, damit sie nicht gleich verderben. Außerdem schmecken Limonade und Cola besser, wenn sie gekühlt sind. Mutter Natur bietet euch eine ganze Reihe »Kühlmöglichkeiten« an.
→ Wenn Wasser verdunstet, entsteht Kälte – das ist ein physikalisches Gesetz. Wickelt ihr um das zu kühlende Gefäß oder Lebensmittel nasse Tücher, so verdunstet die Feuchtigkeit,

und das Gefäß bleibt kühl. Haltet deshalb die Tücher immer feucht.

→ Eine zweite Möglichkeit: Ihr grabt ein tiefes Loch in die Erde, stellt eine Holzkiste hinein und bedeckt den Deckel mit ausgestochenen ziegelartigen Grasstücken.

→ Verschlossene Flaschen und Konservendosen können auch in einem Bach oder Fluss gekühlt werden. Bindet sie aber an Kordeln fest, damit sie euch nicht davonschwimmen.

Indianerrezepte

Die Indianer waren wahre Meister in der Zubereitung von Speisen am offenen Feuer. Einige Gerichte wurden auch auf glühenden Steinen oder in Naturbacköfen zubereitet. Diese Techniken könnt ihr leicht übernehmen; sie werden später ausführlich erklärt (siehe Seite 96 f.).

Für einige Rezepte braucht ihr Zutaten, die ihr nicht in der Natur findet, z. B. Mehl, Quark oder Reis. Um die Speisekarte ein wenig üppiger zu gestalten, werden sie dennoch in den Plan mit aufgenommen, auch wenn ihr die genannten Zutaten vor der Abenteuerfahrt in den Rucksack packen müsst. Aber vielleicht sind deine Eltern ja einverstanden, dass du probehalber mal im Garten eine Abenteuerküche einrichtest.

Im Topf gekocht wird über der Glut oder über der offenen Flamme. Gegrillt wird ausschließlich über der Glut, niemals im oder über einem Feuer mit hell lodernden Flammen. Da würde das Grillgut sofort verkohlen.

→ Fleischstücke grillt ihr am besten auf einem Holzspieß (beispielsweise einer Weidenrute) über der Glut, wobei ihr ihn langsam und gleichmäßig dreht.

→ Fisch lässt sich ebenfalls hervorragend grillen, etwa indem ihr eine Weidenrute in die Form eines Tennisschlägers biegt

Wenn der kleine und der große Hunger kommt

und den ausgenommenen Fisch mit frischen Zweigen in dem Rahmen befestigt, der über die Glut gehalten wird.
Bewährt ist die »Steckerlfisch«-Methode: Der ausgenommene Fisch wird der Länge nach mit einem Holzspieß durchstoßen und dieser so ins Erdreich neben dem Feuer gebohrt, dass der Fisch über der Glut grillen kann. Aber es geht noch einfacher: Den Fisch mit Zwiebeln und Kräutern in Alufolie wickeln und in die Glut legen; gelegentlich auf einer Fläche frischer Glut wenden. In etwa 10 bis 15 Minuten ist der Fisch gar.

Tannennadeltee

Du sammelst einige Hand voll Tannennadeln, klopfst sie etwas ab und lässt sie in der Sonne trocknen. Danach füllst du die Nadeln in einen Topf und gießt kochendes Wasser darüber. Einige Minuten ziehen lassen und anschließend durch ein Sieb in eine Tasse gießen! Der Tee riecht gut, schmeckt gut und enthält viel Vitamin C!

Geschmorter Zimtapfel

DU BRAUCHST: 1 Apfel, Rosinen, Zimt; Messer, Alufolie

ZUBEREITUNG: Den Apfel vierteln, das Kerngehäuse herausschneiden; den Apfel in Alufolie packen, einige Rosinen dazulegen, etwas Zimt darauf streuen, das Ganze verschließen und in schwacher Glut schmoren lassen. Nach ungefähr $1/4$ Stunde holst du die Alufolie mit Stöcken aus dem Feuer und lässt sie einige Minuten abkühlen. Jetzt kannst du die Folie vorsichtig öffnen und den Zimtapfel genießen.

Popcorn

Du brauchst: Öl, Popcornmais, Salz, gemischte grüne Kräuter (Petersilie, Dill, Schnittlauch); Topf mit Deckel

Zubereitung: Zuerst gibst du ein wenig Öl in den Topf – gerade so viel, dass der Boden bedeckt ist. Dann hängst du den Topf über die brennende Feuerstelle, bis sich das Öl erhitzt hat. Nun kannst du 2 Hand voll Popcornmais in den Topf schütten; verteile den Mais gleichmäßig auf dem Boden. Du nimmst den Topf von der Feuerstelle, und nach wenigen Sekunden platzen die ersten Maiskörner – das Zeichen für dich, dass du den Topf mit dem Deckel verschließen musst. Aus dem Topf ist nun ein heftiges Klopfen, Knallen und Krachen zu vernehmen, weil alle Maiskörner aufplatzen. Schüttle den Topf zwischendurch mehrmals. Wenn du keine lauten Geräusche mehr hörst, nimm vorsichtig den Deckel ab. Schütte das Popcorn in eine Schüssel, streue Salz und die Kräuter darauf, und fertig ist die Knabberei!

Bärentatzen

Keine Angst: Ihr müsst keinen leibhaftigen Bären erlegen, das machen nur die echten Indianer in Amerika. Aber aus geschmolzener Schokolade könnt ihr kleine Bärentatzen selbst zubereiten – und die schmecken noch viel besser als echte!

Du brauchst: Mindestens 1 Tafel Vollmilchschokolade, pro Schokoladentafel 100 Gramm Mandelstifte, 1 Teelöffelspitze Zimtpulver; Topf, Alufolie

Das ist eine echte Bärentatze. Unser Rezept ist bei weitem harmloser.

Wenn der kleine und der große Hunger kommt

ZUBEREITUNG: Die Schokolade in einem Topf bei ganz kleiner Flamme langsam zergehen lassen (aufpassen, brennt leicht an!), dann rührst du die Mandelstifte und den Zimt in die geschmolzene Masse und setzt mit einem Esslöffel flache runde Bärentatzen auf die vorher ausgerollte Alufolie. Die abgekühlten Schokoladentatzen sind auch eine prima Marschverpflegung für unterwegs!

Beerensuppe

DU BRAUCHST: Im Wald gesammelte frische Beeren, z. B. Brombeeren, Himbeeren, Heidelbeeren und/oder Erdbeeren, Zucker, Saucenbinder; Topf, Schneebesen

ZUBEREITUNG: Die Beeren waschen. Pro Kilogramm Beeren 1 Liter Wasser in einen Topf gießen, die Beeren hineingeben und das Ganze über offener Flamme erhitzen. Wenn die Fruchtmasse heiß ist, fügst du 1 bis 2 Esslöffel Zucker (nach Geschmack; aber Vorsicht beim Probieren, dass du dir die Zunge oder den Mund nicht verbrennst!) hinzu. Dann rührst du in einem kleinen Gefäß 4 Esslöffel klaren Saucenbinder mit etwas kaltem Wasser an und gibst es in den Früchtetopf. Langsam aufkochen lassen und dabei immer wieder kräftig mit dem Schneebesen umrühren. Nach etwa 3 Minuten ist die Beerensuppe fertig. Wenn du magst, kannst du sie etwas nachsüßen – und dann genieße diese tolle Sommersuppe!

Volles Kanu

DU BRAUCHST: 1 Baguettebrötchen, Salatblätter, Ketchup, Mayonnaise, Wurststücke, Käse, Gurken- oder Tomatenstückchen o. Ä.

ZUBEREITUNG: Das Baguettebrötchen längs halbieren, beide Hälften aushöhlen. (Mit den Brotkrumen kannst du Vögel und

Zu Tisch in der Natur

Gestärkt mit den vollen Kanus, können sich die Abenteurer auf Floßfahrt begeben.

Enten füttern, oder du isst sie selbst, beispielsweise mit der Beerensuppe.) Die gewaschenen Salatblätter in die ausgehöhlten Brothälften legen – wenn du magst, gibst du etwas Ketchup oder Mayonnaise mit hinein. Nun kannst du deine Kanus füllen, wie es dir gefällt: mit Wurststückchen oder -scheiben, Käse, Gurken- oder Tomatenstücken oder aber mit dünnen Zwiebelringen, Nüssen, Radieschen und Möhrenstückchen.

Süßes Kanu

Magst du ein süßes Kanu lieber, füllst du statt Salatblättern, Ketchup oder Mayonnaise frische Obststücke (Apfel, Banane, Aprikose, Orange, Pfirsich, Birne, Kirsche oder Beeren), weiße oder braune Schokoladenstücke, Nüsse, Marzipan- oder Nougatstücke und etwas Schokoladensirup in die Baguettehälften.

Kleiner Pemmikan

Pemmikan (nicht zu verwechseln mit dem Vogel Pelikan) ist ein uraltes Nahrungsmittel der Indianer. In strengen Wintern oder auf langen Reisen diente es ihnen als Nahrungsvorrat.

Pemmikan ist sehr gesund und nahrhaft. Ursprünglich bestand es aus getrocknetem Büffelfleisch, Fett, Wurzeln und Beeren. Aus ähnlichen Zutaten stellt ihr den kleinen Pemmikan her, wobei ihr – aus nahe liegenden Gründen – lediglich auf das Büffelfleisch verzichtet. Zubereiten solltet ihr ihn allerdings schon zu Hause oder im später beschriebenen Indianerbackofen (siehe Seite 97). Dann habt ihr eine tolle Marschverpflegung, die sich gekühlt

Wenn der kleine und der große Hunger kommt

(zu den Kühlmöglichkeiten siehe Seite 87f.) bis zu drei Tage hält.

Du brauchst: 1 Brötchen, $1/2$ Pfund Schweinehackfleisch, 2 Zwiebeln, 100 Gramm Rosinen, 250 Gramm Obst, Salz, Pfeffer; Backblech

Zubereitung: Das Brötchen in $1/4$ Liter heißem Wasser einweichen, dann unter die weiche Brötchenmasse das Hackfleisch, die gehackten Zwiebeln, Rosinen, Obst, Salz und Pfeffer mischen. Diese Masse streichst du 2 Zentimeter dick auf das leicht eingefettete Backblech. Im Backofen auf der mittleren Schiene bei 220 °C 20 bis 25 Minuten backen lassen. Anschließend das Backblech herausnehmen und den Pemmikan erkalten lassen.

Präriespieße

Du brauchst: Zucchini, Paprikaschoten, Maiskolben, Zwiebeln, Champignons, Olivenöl, Zitronensaft; Spieße

Zubereitung: Die Zutaten in ungefähr gleich große Stücke schneiden und abwechselnd auf Schaschlikspieße aus Holz oder Metall spießen. Diese einige Stunden in eine Mischung aus Olivenöl und Zitronensaft (ersatzweise auch Essig) legen. Dann grillst du die marinierten Spieße über der offenen Glut gleichmäßig von allen Seiten. Ein echter Lagerfeuerschmaus!

Indianerfladen

Du brauchst: 100 Gramm Mehl, 50 Gramm Margarine, Wasser, Salz; Schüssel, Backblech

Zubereitung: In einer größeren Schüssel das Mehl, die in einem Wasserbad verflüssigte Margarine, 1 Esslöffel Wasser und

1 Prise Salz zu einem festen Teig mischen. Dann formst du mit mehlbestäubten Händen aus dem Teig tischtennisballgroße Stücke und klopfst sie zu kleinen, dünnen Fladen. Den Backofen auf 200 °C vorheizen, die Fladen auf das Backblech legen und auf der mittleren Schiene einschieben. Nach etwa 15 Minuten kannst du die hellbraunen knusprigen Fladen herausnehmen. Sie schmecken warm oder kalt gegessen. Probiere sie mal mit Butter, Wurst, Käse, Marmelade oder Honig!

Indianerfladen werden wie der Kleine Pemmikan (siehe Seite 92) vor der Abreise im Küchenbackofen als Marschverpflegung zubereitet.

Kiowa-Kartoffel

DU BRAUCHST: Kartoffeln (große), Ketchup, Salz, Pfeffer, Knoblauch, Paprika, Zwiebeln; Messer, Alufolie

ZUBEREITUNG: Kartoffeln waschen und abtrocknen. Jede fest in Alufolie einwickeln und in der heißen Glut des heruntergebrannten Lagerfeuers garen lassen. In der Zwischenzeit mischst du deine Kiowa-Sauce: aus Ketchup, Salz, Pfeffer, etwas Knoblauch, Paprika und klein gewürfelten Zwiebeln. Nach etwa 30 Minuten die Kartoffeln vorsichtig herausnehmen und mit dem Messer tief einschlitzen, sodass du sie leicht aufklappen kannst. Füll die Sauce hinein, und lass es dir schmecken! Wusstest du übrigens, dass die Indianer schon Kartoffeln kannten und aßen, lange bevor das Nachtschattengewächs nach Europa kam?

Navajo-Brot

An langen Lagerfeuerabenden braucht ihr unbedingt etwas Knuspriges zum Knabbern, und es müssen nicht immer Kartoffelchips aus dem Supermarkt sein. Das Navajo-Brot ist eine köstliche Alternative.

Wenn der kleine und der große Hunger kommt

DU BRAUCHST: 250 Gramm Mehl, 80 Gramm weiche Butter, 250 Gramm Quark, $1/2$ Teelöffel Salz; Stöcke

ZUBEREITUNG: Mehl, Butter, Quark und Salz zu einem Teig rühren. Dünne Streifen formen, um lange Stöcke wickeln und im offenen Feuer knusprig braun (nicht schwarz) werden lassen. Die angegebene Menge reicht für drei bis vier Indianer.

Gegrillter Mais

DU BRAUCHST: Maiskolben (frisch oder aus der Konservendose), Butter, Salz, Pfeffer; Rost oder Holzspieß

ZUBEREITUNG: Frische Maiskolben schälen, sodass die Körner freiliegen, 15 Minuten in Wasser kochen und abkühlen lassen. (Wenn du Maiskolben aus der Konservendose nimmst, brauchst du sie weder zu schälen noch zu kochen.) Die Maiskolben mit Butter einreiben und mit etwas Salz und Pfeffer würzen. Dann legst du sie auf den heißen Rost über das Lagerfeuer, bis die Körner leicht angebräunt sind. Du kannst die Maiskolben auch am langen Holzspieß über dem Feuer halten.

Sioux-Saft

Indianer schätzen gesunde Ernährung, deshalb bereiten ihre Frauen täglich frische Obstsäfte aus wild wachsenden Beeren zu. Daran könnt ihr euch ein Beispiel nehmen.

DU BRAUCHST: 500 Gramm Waldbeeren, $1\,1/2$ Liter Wasser, Saft von 1 ausgepressten Zitrone, 2 Esslöffel Zucker; Topf, Sieb, Saftkrug

Mit den Maiskolben, am Spieß über das Feuer gehalten, kann man gut in die Erlebniswelt der Indianer eintauchen.

Zu Tisch in der Natur

ZUBEREITUNG: Im Wald sammelst du frische Beeren in der angegebenen Menge: z. B. Heidelbeeren, Himbeeren oder Erdbeeren. Du kannst sie natürlich auch mischen. Dann wäschst du sie, zerstampfst sie in einem großen Topf und gießt das Wasser hinzu. Füge Zitronensaft und Zucker hinzu, lass die Mischung aufkochen, und nimm anschließend den Topf vom Feuer. Der Saft muss jetzt nur noch 10 bis 15 Minuten ziehen. Wenn er abgekühlt ist, gießt du ihn durch ein Sieb in einen Saftkrug und kannst ihn servieren.

Komantschen-Reissalat

DU BRAUCHST: 1 Packung Langkornreis, Wasser, 3 Esslöffel Salatöl, 1 Teelöffel Senf, 1 Esslöffel Essig oder Zitronensaft, 1 Teelöffel Bohnenkraut, 1 Esslöffel Ketchup, Salz, Pfeffer, Knoblauch, Paprika, 2 Zwiebeln, 1 kleine Dose Mais, 100 Gramm Schinken- oder Fleischwurstwürfel; Topf

ZUBEREITUNG: Langkornreis in einem Topf mit reichlich Wasser über dem offenen Feuer kochen; darauf achten, dass immer genug Wasser im Topf ist, damit der Reis nicht festklebt. Wenn er körnig ist, den Topf vom Feuer nehmen. In einer großen Schüssel den Reis mit Salatöl, Senf, Essig oder Zitronensaft, Bohnenkraut, Ketchup, etwas Salz, Pfeffer, Knoblauch und Paprika, den gehackten Zwiebeln, Mais und Schinken- oder Fleischwurstwürfeln mischen. Das Ganze 1 bis 1 $\frac{1}{2}$ Stunden an einem kühlen Ort ziehen lassen.

Steinheiß kochen

Diese ganz spezielle Art des Kochens in der Wildnis haben die Indianer erfunden: das Kochen mit heißen Steinen. Sie haben sich die Erfahrung zunutze gemacht, dass Hitze sehr lange ge-

Wenn der kleine und der große Hunger kommt

speichert werden kann, wenn man einen Stein in die Glut des Feuers legt. Diesen kannst du mehrfach verwenden.

→ Auf einem flachen heißen Stein (am besten Granit, Basalt) kannst du z. B. Spiegeleier, Fleisch oder Gemüse braten (Champignons, Paprika, Brokkoli).

→ Der heiße Stein kann dich aber auch wärmen, wenn du ihn in ein Handtuch wickelst und in deinen Schlafsack legst.

Indianerbackofen bauen

Für einen echten Indianerbackofen braucht ihr Steine (am besten Kopfsteinpflaster, Basaltsteine) und einen Spaten. Mit diesem hebt ihr zunächst eine Grube aus: Sie sollte 60 Zentimeter tief sowie je 40 Zentimeter lang und breit sein. Darin entzündet ihr mit trockenen Ästen ein kleines Feuer.

In das Feuer legt ihr die Steine so lange, bis sie ganz heiß sind. Wenn vom Brennmaterial nur noch Glut übrig ist, verteilt ihr die Hälfte der heißen Steine gleichmäßig nebeneinander auf dem Boden der Grube, die andere Hälfte nehmt ihr mit dem Spaten vorsichtig heraus.

Auf die heißen Steine in der Grube gebt ihr nun in Alufolie gewickelte
→ Kartoffeln
→ Pemmikane
(Rezept siehe Seite 92)
→ Würstchen
→ Dünne Fleischscheiben

Auf diese Schicht kommen die restlichen heißen Steine. Abgedeckt wird das Ganze mit großen Rasenstücken, die ihr mit dem Spaten ausstecht. Nun ist euer Indianer-

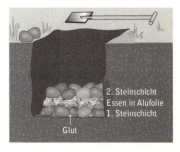

Indianerbackofen: Die in Alufolie gewickelten Speisen werden zwischen zwei heißen Steinschichten »eingeklemmt«, bis sie gar sind.

backofen verschlossen. Nach einer halben Stunde ist alles, was ihr hineingelegt habt, durchgegart.

Indianer ohne Alufolie

Die Alufolie ist eine Erfindung der Neuzeit. Wenn die Indianer in ihren Erdbacköfen etwas zubereiten wollten, nahmen sie als Umhüllung Weiß-, Rotkohl- und Wirsingblätter, die sie auf die untere Schicht der Steine legten. Darauf kam das Fleisch, darauf wieder eine Lage Kohlblätter, darauf die zweite Schicht heiße Steine und als Abdeckung die Grassoden.

→ Als leckere Zutaten zwischen den Kohlblättern eignen sich Kaninchen- oder Hühnerkeulen, die vorher mit Salz, Pfeffer, Rosmarin und Thymian gewürzt werden.

Nach dem Abdecken mit Grassoden müsst ihr allerdings zwei Stunden Geduld haben – erst dann sind die Keulen wirklich gar. Um keine Enttäuschung zu erleben und die Keulen nicht halb gar aus dem Ofen zu holen (sicheres Erkennungszeichen: Das Fleisch lässt sich nur schwer von den Knochen lösen), ist es ganz wichtig, dass ihr eine große Zahl Steine für euren Backofen verwendet, und sie müssen alle superheiß sein.

ÜBERLEBEN OHNE VORRÄTE

Gestrandet auf einer einsamen Insel, abgestürzt mit einem Flugzeug, verirrt abseits jeglicher Zivilisation – das sind Situationen, vor denen viele Angst haben. Aber euch als echte Abenteurer können solche Vorstellungen nicht erschrecken. Denn wenn ihr eure Überlebensausrüstung mit dem AB-Päckchen (siehe Seite 18) dabeihabt, stehen eure Chancen sehr gut, und ihr seid schon so gut wie gerettet.

Verhungern und Verdursten ausgeschlossen

Keinesfalls müsst ihr befürchten, zu verhungern oder gar zu verdursten. Diese Gefahren drohen nur in einer Wüstenlandschaft oder in ganz kargen hohen Bergen. Ansonsten findet der Mensch in der freien Natur immer etwas, was ihm das Überleben sichert: Früchte, Beeren, Wurzeln, Pflanzen, Fische und Landtiere. Entscheidend ist nur, Essbares von Ungenießbarem zu unterscheiden und die Reserven der Natur richtig zuzubereiten. Doch inzwischen wisst ihr ja, wie man sich seine Mahlzeiten am offenen Feuer oder in einem Naturbackofen garen kann.

Wenn der Proviant ausgeht

Mancher empfindet schon den Gedanken als störend, keinen gefüllten Kühlschrank und kein Regal mit Cornflakespackungen in greifbarer Nähe zu haben. Aber wirklich gefährlich ist es nicht, eine Zeit lang völlig ohne Proviant zu sein. Denn es gibt eine Faustregel, nach der der Mensch sieben Tage ohne feste Nahrung und drei Tage ohne Wasser leben kann.
Zunächst müsst ihr also trinkbares Wasser finden. Immerhin lassen die Kräfte des Menschen schon nach einem Tag ohne Flüssigkeitsaufnahme nach, weil über die Haut und mit dem Atem ständig Flüssigkeit ausgeschieden wird. Um feste Nahrung könnt ihr euch in Ruhe kümmern, wenn ihr die Trinkwasserfrage geklärt habt. Das erste Hungergefühl lässt sowieso nach 24 Stunden nach, weil der Körper beginnt, die benötigte Energie aus der Verbrennung der körpereigenen Fettpolster zu beziehen.

Vorsicht – auch in der größten Not

Besonders wählerisch könnt ihr allerdings nicht sein, wenn euch Proviant und Trinkwasser ausgehen. Schließlich geht es ums nackte Überleben. Trotzdem ist Vorsicht geboten. Gerade in der jetzigen Situation könnt ihr es euch nicht leisten, unbekannte und vielleicht giftige Sachen zu essen oder schlechtes Wasser zu trinken. Das würde euch zusätzlich schwächen. Wenn ihr euch also nicht ganz sicher seid, dass ihr die gefundene Nahrung und das Wasser gefahrlos zu euch nehmen könnt, verzichtet lieber ganz darauf.

Trinkwasser finden oder gewinnen

Wasser kommt überall in der Natur vor. Es ist die chemische Verbindung von Wasserstoff und Sauerstoff. Ohne Wasser ist kein Leben möglich, weder für Menschen noch für Tiere oder Pflanzen.

Der Mensch z. B. braucht täglich mindestens zwei Liter Flüssigkeit, damit alle Organe normal funktionieren. Während einer Diät, bei Krankheit oder großen Anstrengungen – etwa Wanderungen oder körperlichen Arbeiten bei hohen Temperaturen – erhöht sich sein Flüssigkeitsbedarf auf bis zu zehn Liter täglich. Diese Flüssigkeit holt sich der Körper zum Teil auch aus der Nahrung, etwa aus Gemüse oder Obst.

Da klingt es zwar tröstlich, dass drei Viertel der Erdoberfläche von Wasser bedeckt sind und weitere Flächen unter einer Schnee- oder Eisdecke liegen. Doch das meiste Wasser auf der Welt ist leider nicht trinkbar. Es ist salzhaltig oder verschmutzt.

Quell-, Regenwasser, Tau

Deshalb könnt ihr auch im Notfall nicht einfach riskieren, Wasser aus Bächen, Seen, Teichen oder Flüssen zu trinken. Zumindest müsst ihr es vorher durch Abkochen keimfrei machen. Echte Abenteurer haben für solche Fälle Entkeimungstabletten mit dabei, die es z. B. in Apotheken zu kaufen gibt.

Wenn der kleine und der große Hunger kommt

Bedenkenlos trinken könnt ihr lediglich Quellwasser, frisch aufgefangenen Regen und Tauwasser von sauberem, gerade gefallenem Schnee. Quellwasser sollte so nah wie möglich an der Quelle abgefüllt werden, da es in einiger Entfernung schon verunreinigt sein kann.

Trinkwasserfallen bauen

Ein natürlicher Wasserspender ist – wie eben angesprochen – ein heftiger Regenguss. Damit das kostbare Gut aber nicht spurlos im Boden versickert, müsst ihr es sammeln und aufbewahren können.

Trinkwasserfallen sichern also im Ernstfall den täglichen Flüssigkeitsbedarf des Pfadfinders. Indem er sie baut, erfährt er zugleich Wissenswertes über die Gesetze der Natur.

→ Ihr grabt große trichterförmige Gruben in die Erde und legt sie mit Plastikfolie oder Zeltplane aus. Das in diesem Becken sich sammelnde Regenwasser könnt ihr trinken oder in andere Behälter umfüllen.

Nach dem gleichen Prinzip lässt sich auch der Morgentau auffangen.

→ Ihr spannt an vier in den Boden gerammten Stangen eine große Zeltplane wie ein Dach parallel über die Erde. (Grasboden ist am besten geeignet.)

→ In die Mitte der Folie legt ihr einen Stein, und unter die Folie stellt ihr an genau diese mit dem Stein beschwerte, tief nach unten hängende Stelle ein Gefäß: Der sich auf der Plane sammelnde Tau rinnt schräg hinab bis zu der mit dem Stein beschwerten Stelle; dort tropft er in das bereitgestellte Auffanggefäß.

→ Legt an der Abtropfstelle eine der zum Regenwasserfang geeigneten Gruben (siehe eben) an, wenn ihr kein Gefäß zur Hand habt.

Zu Tisch in der Natur

➔ Deckt das auf die beschriebene Weise gesammelte Wasser mit einer weiteren Folie oder Plane ab, damit es nicht an der Sonne verdunstet, verschmutzt oder von Tieren als bequeme Trinkstelle benutzt wird.

Tiere als Wegweiser

Doch was tun, wenn sich kein Quellwasser findet und auch kein Regen fällt? In unbekanntem freien Gelände zeigen dir die Tiere den Weg zu anderen Wasserquellen.

➔ Beobachte die seitwärts in einen Wildwechsel einmündenden Einzelfährten: Sie laufen alle in eine gemeinsame Richtung spitz zu. Wenn du dieser Richtung folgst, gelangst du an die Tränke der Tiere und findest Wasser. Bedenke aber, dass es verschmutzt sein könnte und zunächst abgekocht oder entkeimt werden muss.

➔ Mücken halten sich immer in der Nähe von Wasser auf. Große Mückenschwärme sind aus diesem Grund ein sicheres Anzeichen, dass du dich in der Nähe einer Wasserquelle befindest.

Sogar die Farben der Pflanzen können dir den Weg zum Wasser weisen. In der Nähe von Gewässern wächst das Grün üppiger, und du findest dort erheblich mehr großblättrige Pflanzen als an anderen Stellen.

Fundorte unter Bäumen

Auch wenn du in der Nähe einer Weide oder Erle ein Loch in den Boden zu graben beginnst, stößt du auf sehr feuchte Erde, aus der du Wasser entnehmen kannst. Du gehst dabei in folgenden Schritten vor:

➔ Stopfe in das gegrabene Loch ein saugfähiges Baumwolltuch, z. B. ein Handtuch, einen Schal, ein T-Shirt oder ein Unterhemd.

Wenn der kleine und der große Hunger kommt

→ Wringe es über deinem Mund oder über einem Gefäß aus, wenn es sich nach einiger Zeit mit Wasser voll gesogen hat.

In der Regel enthält diese Erdfeuchtigkeit keine für den Menschen gefährliche Substanzen und kann ohne weitere Vorbehandlung getrunken werden – auch wenn das auf diese Weise gewonnene Wasser eine leicht bräunliche Färbung aufweisen sollte, die von Erdteilchen herrührt.

Wenn du es farblos genießen willst, warte noch etwa eine halbe Stunde: Dann haben sich die winzigen Erdteilchen in dem Gefäß am Boden abgesetzt, und das Wasser darüber ist glasklar geworden.

Mit einer sauberen leeren Konservendose kannst du die Erde ähnlich »anzapfen«, indem du sie als Sammelgefäß verwendest.

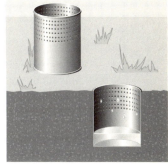

Trinkwassergewinnung mit Hilfe einer durchlöcherten Dose (oben) und einer über den Baumzweig gestülpten Plastiktüte (unten).

→ Durchlöchere die Außenwand der oberen Dosenhälfte mit dem dafür vorgesehenen Funktionsteil deines Survival-Werkzeugs (siehe Seite 20 ff.), sodass eine Art Sieb entsteht.

→ Vergrabe die Dose bis zum Rand im feuchten Erdreich. Bald wird sich in der unteren Dosenhälfte Wasser ansammeln, das durch die Sieblöcher auf den Dosenboden tropft und sich sammelt.

Flüssigkeit aus Wurzeln

In der echten Wildnis Afrikas, Südamerikas oder Südostasiens gibt es weitere Möglichkeiten, sich mit Flüssigkeit zu versorgen. Gerade in sehr trockenen Gebieten wachsen Pflanzen, die in ihren Wurzeln eine große Menge Flüssigkeit gespeichert haben. Man kann sie ausgraben, anschneiden und aus ihnen trinken wie aus einem Gefäß. Besonders viel trinkbare Flüssigkeit enthalten Lianen und Bambus.

Doch Vorsicht: Bevor du vielleicht mal in einem dieser Gebiete Abenteuerurlaub machst, musst du dich mit den dortigen Pflanzenarten vertraut machen, denn einige können auch gefährliche Säfte absondern. Als Faustregel gilt: Wenn aus einer Wurzel, einem Stamm, einem Stiel oder Stängel eine milchige Flüssigkeit austritt, darfst du diese in keinem Fall zum Trinken verwenden.

Schwitzende Pflanzen

Dennoch sind auch in unseren Breitengraden manche Pflanzen ergiebige Wasserspender. Sie nehmen Wasser mit ihren Wurzeln auf und ziehen es hoch bis in die Blätter, wo es wieder ausgeschwitzt wird – was euch die Möglichkeit gibt, die Verdunstungsfeuchtigkeit als Trinkwasser zu gewinnen. Denn wenn Wasser verdunstet, ist es immer absolut rein. Vor allem an heißen, sonnigen Tagen – also wenn ihr ganz dringend Wasser benötigt –, kannst du die verdampfende Feuchtigkeit einer Pflanze mittels eines Behältnisses gut auffangen.

→ Nimm eine innen saubere Plastiktüte, und stülpe sie über den dicht belaubten Zweig eines Baums.

→ Schnüre die Tüte fest zu, und achte darauf, dass die verschnürte Stelle möglichst weit oben hängt – bei einer Verschnürung am tiefsten Punkt der Tüte könnte das kostbare Nass heraustropfen, denn hundertprozentig wasserdicht ist so eine Verschnürung in den seltensten Fällen.

Wenn der kleine und der große Hunger kommt

Besonders lohnt sich dieses Anzapfen bei Birken: Ein mittelgroßer Baum dieser Art schwitzt an einem heißen Tag bis zu 250 Liter Wasser aus. Ein paar Wasserfallen aus über die Blätter gestülpten Tüten genügen also schon, den menschlichen Tagesbedarf von zwei Litern zu decken. Das eingefangene Kondenswasser kannst du übrigens sofort und ohne weitere Aufbereitung trinken!

Wasser aus dem Meer

Wenn ihr wie Robinson auf einer einsamen Insel stranden solltet, habt ihr trotz des vielen Wassers um euch herum ein Problem: Meerwasser ist sehr salzhaltig. Das Salz entzieht dem Körper Flüssigkeit – mehr, als ihr ihm gleichzeitig durch Meerwasser zuführen könnt. Diese Wirkung merkt ihr z. B. auch, wenn ihr nach dem Genuss eines salzhaltigen Getränks noch viel mehr Durst verspürt als vorher.

Doch wo Meer ist, gibt es auch Fische, und die können dich im Ernstfall vor dem Verdursten retten, weil sie Salz ausscheiden und Süßwasser speichern. Diesen Speicher kannst du für dich nutzbar machen.

→ Schneide deine frisch gefangenen Fische in Scheiben.
→ Wickle sie in ein Tuch, und wringe es über einem Behälter aus – das gewonnene Wasser kannst du ohne Vorbehalte trinken.

Bist du dir nicht sicher, ob der Fisch auch genießbar ist – Zweifel kann es nur bei Fischen außerhalb europäischer Gewässer geben –, ziehst du besser die Grundwassergewinnung vor.

→ Grabe in einiger Entfernung vom Strand ein Loch.
→ Vergewissere dich vorher, dass der Grabungsort etwa einen Höhenmeter über dem Wasserspiegel liegt.
→ Achte beim Graben darauf, dass die Ränder der Grube flach sind – anderenfalls können sie leicht über dir einstürzen.

Zu Tisch in der Natur

→ Stell dich darauf ein, dass du ein ziemlich großes Loch schaufeln musst, bis du auf Grundwasser stößt, und lass dich nicht entmutigen. Das gefundene Grundwasser wird zwar leicht salzig sein, kann aber getrunken werden, da der Großteil des Salzes an dieser Stelle durch den Sand herausgefiltert ist.

Survival-Nahrung aus der Natur

Wenn ihr auf einer Wanderung wegen eines plötzlichen Unwetters für einige Tage weitab von eurem Lager biwakieren müsst, kann es passieren, dass auch der letzte Notfallriegel bald aufgebraucht ist. Natürlich habt ihr in eurem AB-Päckchen (siehe Seite 18) eine letzte Notration. Was aber, wenn auch diese bereits verzehrt ist? Jetzt seid ihr ganz auf euch und die Vorräte der Natur gestellt, nun ist der Ernstfall eingetreten! Am wichtigsten ist jetzt, unterscheiden zu können, was essbar ist und was nicht. Dabei kommt es nicht auf den Geschmack an.

Was ihr essen dürft

→ Beeren und Pilze dürfen nur gegessen werden, wenn du sie genau kennst.
→ Gras kann am unteren, saftigen Ende roh gegessen werden, es ist sogar sehr vitaminreich.
→ Frisch gelegte Vogeleier, gleich welcher Art, sind immer genießbar.
→ Auch Schnecken, Spinnen und Regenwürmer können gegessen werden, bei Raupen und Käfern gilt das nur eingeschränkt. Der in der Wüste lebende Johannes der Täufer soll sogar Heuschrecken verzehrt haben! Ob sie ihm geschmeckt haben, ist nicht überliefert.

Wenn der kleine und der große Hunger kommt

→ Alle Fische in europäischen Gewässern sind zum Verzehr geeignet.

Wenn du geschickt bist und Geduld hast, kannst du Fische sogar mit der bloßen Hand fangen: Beobachte den »stehenden« Fisch im Wasser, bewege deine Hand ganz langsam auf ihn zu, und schnappe ihn dir!

Ein Fischernetz basteln

Nimm ein Unterhemd oder ein T-Shirt, verknote es auf der einen Seite, und spanne es auf der anderen Seite über einen zum Tennisschläger gebogenen Ast. So hast du einen Kescher, mit dem dir garantiert ein Fang gelingen wird.

Gemüse von der Wildwiese

Ob Bärenklau, Birke, Brennnessel, Huflattich, Löwenzahn oder Sauerampfer – auf einer wilden Wiese wachsen erstaunlich viele Pflanzen, aus denen ihr leckere Gemüsegerichte zubereiten könnt. Allerdings müssen die Blätter vorher in Wasser gut gekocht werden. Und damit es wirklich schmeckt, solltest du auch Salz, Zucker und etwas Natronpulver hinzufügen.

Günstige Standorte

Pflanzen zum Verzehr sammelt ihr am besten an den Rändern von Viehweiden, auf Waldlichtungen, an Waldrändern und an Berghängen. Völlig ungeeignet sind Pflanzen nahe stark befahrener Straßen oder am Rand von Bahndämmen, an staubigen Wegrändern oder auf frisch gedüngten Wiesen.

»WILDE« ARZNEI

Die Indianer aßen zwar auch Fleisch, überwiegend ernährten sie sich jedoch von Kräutern und Früchten aus der Natur. Ihr Wissen über sie können wir – nicht zuletzt in einer Notfallsituation ohne Proviantreserven – für uns nutzen, zumal Kräuter und Früchte nicht nur den Hunger lindern, sondern auch kleine und größere Krankheiten und Verletzungen sich ausschließlich mit »Cocktails« aus verschiedenen Pflanzen behandeln lassen. Beim Verzehr von Beeren, Früchten, Blättern, Wurzeln und Körnern, die sie in der Wildnis fanden, entdeckten die Indianer nämlich, dass einige den Menschen schadeten oder sogar tödlich wirkten, andere hingegen Krankheiten linderten und Wunden heilten. Letztere waren ihre Arzneimittel – mehr als 1000 sind uns im Lauf der Jahrhunderte von ihnen überliefert worden. Sie waren somit Pioniere der lange Zeit vernachlässigten Naturheilkunde, die heute Heilmittel aus über 10 000 Pflanzen verwendet.

Jahreskalender der Heilpflanzen

Wie wir von den Indianern lernen können, hat es wenig Sinn, sich aufs Geratewohl auf die Suche nach Heilpflanzen zu begeben. Zunächst müsst ihr wissen, an welchen Standorten die einzelnen Pflanzen wachsen und zu welcher Jahreszeit ihr welche Teile ernten könnt. Denn nicht alle werden als Ganzes für Heilmittel verwendet, manchmal sind es auch nur die Blätter, Blüten, Beeren, die Rinde oder die Wurzeln.

→ Zur Entfaltung der vollen Heilkraft müssen die Blätter der gesammelten Pflanzen jung, die Beeren reif und die Blüten frisch sein.

→ Nach der Ernte empfiehlt es sich, Blüten und Blätter in einer dünnen Schicht auf Papier oder eine Zeitung zu legen und sie anschließend an einem luftigen, warmen, aber schattigen Ort aufzubewahren.

→ Heilkräuter, die mit Stiel gesammelt werden, kannst du zu einem Strauß zusammenbinden und mit dem Kraut nach unten an einer gespannten Leine aufhängen.

→ Notiere dir zu jeder Pflanze den Namen, da sie in getrocknetem Zustand oft ganz anders aussehen als vorher.

→ Füll deine Pflanzen, wenn sie getrocknet sind, getrennt in Einweckgläser, Schachteln, Baumwoll- oder Leinensäckchen. Vergiss auch hier nicht, sie mit beschrifteten Etiketten zu versehen.

Die seit alters bei allen Völkern geschätzte Kamille ist in der Naturheilkunde ein »Allrounder«.

Im Januar und Februar finden wir nur wenig

Zu Beginn des Jahres sind die Laubbäume kahl. Die Nadelbäume behalten jedoch ihr Nadelkleid und liefern euch somit die Bestandteile für altbewährte Heilmittelzusätze. Insgesamt sind beide Monate für den Heilpflanzensammler in unseren Breiten sehr ungünstig, da alle blühenden Pflanzen giftig sind. Zur Vorbeugung gegen Erkältungen und deren Behandlung kannst du dir auf deiner Abenteuerfahrt die Grundstoffe für einen Badezusatz in Form von **Kiefernnadeln** selbst besorgen (siehe nächste Seite). Er lässt sich auch in der Aromalampe zum Beduften der Zimmer verwenden. Es riecht dann frisch nach Wald.

Im März ist der Tisch schon reicher gedeckt

Zu Frühjahrsbeginn findet ihr am Wegrand oder in Kiesgruben den gelb blühenden **Huflattich**. Aus den getrockneten Blättern und Blüten wird ein Tee zubereitet, der bei Erkältungsbeschwerden sowie gegen Husten und Heiserkeit hilft.

Rezept für Huflattichtee

➤ 2 Teelöffel getrocknete Huflattichblüten und -blätter mit ¼ Liter kochendem Wasser übergießen.
➤ 10 Minuten ziehen lassen.
➤ Abseihen und mit Honig süßen.

Vielleicht findet ihr am Waldrand bereits die ersten duftenden, violett blühenden **Märzveilchen**. Ein Tee aus den getrockneten Blüten hilft gegen Atemwegserkrankungen und Entzündungen des Mund-Rachen-Raums.
Auf vielen Wiesen wachsen auch schon die ersten kleinen weißrosa **Gänseblümchen**. Sie enthalten reinigende Stoffe für den Körper und erfrischen zugleich.

Rezept für Gänseblümchensalat

➤ Gepflückte Gänseblümchen waschen und im Sieb gut abtropfen lassen.
➤ Mit Öl, klein gewürfelten Zwiebeln, Salz, Zucker und Zitronensaft mischen.

Badezusatz aus Kiefernnadeln

➤ Kiefernzweige reichlich ernten, die Zweige klein schneiden.
➤ 500 Gramm davon in einen großen Topf füllen.

- 3 Liter kaltes Wasser hineingießen und das Ganze mindestens 1 Stunde ziehen lassen.
- Den Topf langsam erhitzen, 1 bis 2 Minuten aufkochen und dann langsam abkühlen lassen.
- Durch ein großes Sieb in ein zweites Gefäß abseihen.
- Diesen Badezusatz in kleinen geschlossenen Flaschen oder Einweckgläsern gut verschlossen aufbewahren, damit er nicht sein Aroma verliert.

Was wir im April ernten können

Im April wachsen an Bächen und auf feuchten Wiesen die gelben **Schlüsselblumen** zuhauf. Sie stehen allerdings unter Naturschutz. Du darfst sie deshalb nicht pflücken, obwohl das sehr schade ist, denn aus den getrockneten Blüten kann man

Der zur Gattung der Korbblütler gehörende Löwenzahn breitet sich im Frühjahr wie ein goldgelber Teppich über Wiesen. Aus seinen Blättern lässt sich ein appetitanregender Salat zubereiten.

einen Tee zubereiten, der mit Honig gesüßt und heiß getrunken prima gegen Husten hilft.

Am Ende dieses Monats bedeckt der goldgelbe Teppich des **Löwenzahns** die Wiesen. Der milchig weiße Saft aus den Stängeln ist leicht giftig und hinterlässt braune Flecken auf Haut und Kleidung, die nur ganz schwer auszuwaschen sind. Ein Salat aus Löwenzahnblättern aber ist sehr gut bekömmlich, weckt den Appetit und entschlackt den Körper, da er die Blasen- und Nierenfunktion anregt.

Rezept für Löwenzahnsalat

➤ 500 Gramm Löwenzahnblätter waschen.
➤ In Streifen schneiden.
➤ Mit klein gewürfelten Zwiebeln, Öl oder Joghurt, Zitronensaft, Salz und Zucker mischen.

Im Mai gehen wir auf Brennnesselernte

Im Mai sprießen auf vielen Wiesen und an Wegrändern die **Brennnesseln.** Wenn ihr die leicht behaarten Blätter berührt, merkt ihr, dass sie eine Flüssigkeit absondern, die auf eurer Haut brennende und juckende Quaddeln verursacht. Daher müsst ihr beim Pflücken unbedingt Handschuhe tragen. Es verwundert also nicht, dass die Brennnessel dank ihrer kräftigenden auch eine reinigende Wirkung auf den Körper hat.

Aus Brennnesselblättern könnt ihr einen Tee zubereiten oder eine Suppe und Spinat. Brennnesseltee hilft bei Hauterkrankungen, Rheuma, Magen- und Darmstörungen sowie kraftlosem, dünnem Haar. Extrakte der Brennnessel werden auch für Shampoos und Haarpflegemittel verwendet.

Wenn der kleine und der große Hunger kommt

Rezept für Brennnessel-Rahmspinat

- ➤ Eine Schüssel voll junge Brennnesselblätter pflücken.
- ➤ Gründlich waschen und grob schneiden.
- ➤ In der Pfanne 1 klein gewürfelte Zwiebel in Butter dünsten.
- ➤ Brennnesselblätter in die Pfanne geben.
- ➤ Die Mischung mit etwas Muskat und Salz würzen und eine ½ Tasse Wasser hinzufügen.
- ➤ 20 Minuten kochen lassen.
- ➤ Zum Schluss einen Becher Rahm hineingeben und kräftig umrühren.

Ebenfalls im Mai blüht die weißgelbe **Kamille**. Ein Tee aus getrockneten Blüten hilft dir gegen Magen- und Halsschmerzen und gegen Erkältungsbeschwerden. Gurgeln kann man auch mit kaltem Kamillentee. Heiße Halsumschläge lindern Halsschmerzen. Kamillenumschläge wirken allgemein entzündungshemmend.

Die Blätter der **Hängebirke**, die von Mai bis Juli geerntet sowie trocken und dunkel gelagert werden müssen, helfen bei Nieren- und Blasenerkrankungen, Fieber und Gelenkschmerzen. Birkenblättertee regt die Nierenfunktion an. Als heißer Aufguss hilft er gegen Rheuma und Gicht.

Die bis zu 30 Meter hohe Linde wächst in unseren Breiten als Sommerlinde und als zwei Wochen später blühende Winterlinde.

Im Mai blühen schließlich auch die **Linden**. Aus ihren Blüten kannst du dir einen Tee zubereiten, der schweißtreibend wirkt und deine Erkältung überwinden hilft.

Wo wir im Juni und Juli fündig werden

In den beiden Sommermonaten wächst das gelbe **Johannis-kraut**. Ein Tee aus Johanniskrautblüten beruhigt dich, wenn du mal sehr aufgeregt bist; Erwachsenen hilft er bei Nervenschmerzen und Verdauungsstörungen.

Ebenfalls im Juni blüht der weiße **Holunder**. Aus seinen Blüten entwickeln sich im Hochsommer kleine schwarze Beeren. Der bekannte Tee wird aus den getrockneten Beeren und Blüten des Holunderstrauchs zubereitet. Er hilft gegen Erkältungsbeschwerden, Halsschmerzen und Fieber, das er – wenn du ordentlich schwitzt – heraustreibt. Ein Tipp: Die Blüten in einem gut schließenden Joghurtglas aufbewahren.

Holunderbeeren enthalten übrigens einige Mineralstoffe und viel Vitamin C. Deshalb sind Marmelade, Kompott und Saft, die aus ihnen gemacht werden, wahre »Gesundheitsbomben«. Aber Achtung: Die unreifen, grünen Beeren sind giftig und können Durchfall und Erbrechen verursachen.

Rezept für Holunderblütensirup

➤ 10 bis 12 Holunderblütendolden unter fließendem Wasser gründlich abwaschen.

➤ Zusammen mit 4 in Scheiben geschnittenen Zitronen in einen mit 1 Liter kaltem Wasser gefüllten Topf geben.

➤ Zudecken und 5 bis 6 Tage ziehen lassen.

➤ Danach die Flüssigkeit in einen zweiten Topf abseihen.

➤ Mit $\frac{1}{4}$ Liter Obstessig und 1500 Gramm Einmachzucker verrühren.

➤ Gut durchkochen.

➤ Den noch heißen Sirup in hitzebeständige Flaschen abfüllen und sofort verschließen.

➤ Mit Wasser verdünnt trinken – schmeckt gekühlt sehr erfrischend.

Wenn der kleine und der große Hunger kommt

Im Juli blüht auf feuchten Wiesen und an Bächen auch die **Wilde Minze**. Du erkennst sie an ihrem frischen Duft, wenn du an den Blättern reibst. Wilde Minze wird als Gewürz in Saucen und Suppen, aber auch für viele süße Nachspeisen gern verwendet.
Aus Minzeblättern kannst du dir einen erfrischenden Tee zubereiten – ein echter Muntermacher! Du darfst ihn aber nicht verwechseln mit dem Pfefferminztee, der aus angebauter Minze, nicht aus Wilder gemacht wird. Deshalb hat der Pfefferminztee ein feineres Aroma.
Auf trockenen, mageren Böden siehst du im Juli die weißen Blüten der **Schafgarbe**. Frische und getrocknete Schafgarbenblätter erfreuen sich als Gewürz großer Beliebtheit. Aus dem getrockneten Kraut wird ein Tee zubereitet, der den Verdauungstrakt stärkt und anregt.

Alle Arten der Minze werden auch zur Behandlung von Magen-Darm-Beschwerden eingesetzt.

Im August beginnt die Zeit der Beeren

Endlich ist es so weit: Jetzt könnt ihr die Beeren ernten, die ihr bereits zu Beginn dieses Kapitels (siehe Seite 74) kennen gelernt habt. Der Wald ist an manchen Stellen ein einziges Meer von dunkelblauen **Heidelbeeren**. Doch aufgepasst: Sie hinterlassen schwer abwaschbare dunkelrote Flecken auf Fingern und der Kleidung. Dafür schmecken sie köstlich und haben viele Vitamine und Mineralstoffe. Getrocknete Heidelbeeren helfen gegen Durchfall.
An Wegrändern findest du auch die himmelblau blühende

Zu Tisch in der Natur

Die eineinhalb Meter hohe Wegwarte oder Wilde Zichorie lieferte früher, feldmäßig angebaut, einen Kaffeeersatz.

Wegwarte, die ihre Blüten nur in der Morgendämmerung zeigt und vormittags wieder verschließt. Aus den oberirdischen Teilen der Pflanze kann ein appetitanregender und Bauchschmerzen lindernder Tee aufgegossen werden. Ein Salat aus Wegwartenblättern hat einen leicht bitteren Geschmack (daher Zucker hinzufügen).

Rezept für Wegwartensalat

- 500 Gramm junge, zarte Wegwartenblätter zerkleinern.
- In einer Schüssel mit Speiseöl und dem Saft von 1 Zitrone oder mit Joghurt vermischen.
- Mit Salz, Pfeffer, Zucker würzen.
- Petersilie, Minze- und Basilikumblätter sowie 1 klein gewürfelte Zwiebel hinzufügen und untermischen. Fertig!

Die **Ringelblume** zeigt ihre gelborangefarbenen Blüten von August bis in den tiefen Herbst, wenn der erste Frost kommt. Aus ihren Blütenblättern kannst du Tee zubereiten.
Etwas abseits des Wegrandes oder auf trockenen Wiesen wachsen mehrere **Wegericharten**, die sich in Blätter- und Blütenformen unterscheiden. Der Spitzwegerich mit den langen, schmalen Blättern ist am heilkräftigsten. Du kannst sie zu einem Tee gegen Husten und allgemeine Erkältungsbeschwerden zubereiten.
An trockenen Wiesenhängen lenkt der **Augentrost** mit seinen kleinen weißlich rosafarbenen Blüten seine Aufmerksamkeit auf sich. Feuchte Umschläge mit Blätter- und Blütenextrakten

Wenn der kleine und der große Hunger kommt

des Augentrosts lindern entzündete Augen, da sie eine zusammenziehende Wirkung haben.

Ab Oktober wird das Angebot der Natur mager

Im Oktober leuchten an trockenen Waldrändern und Böschungen die gelben Blüten der **Goldruten**. Ein Tee aus den getrockneten Blättern hilft dir gegen eine Nieren- oder Blasenentzündung, nasse Umschläge verbessern die Wundheilung.

Im grauen November kannst du die roten Früchte der Heckenrose, die **Hagebutten**, sammeln. Sie enthalten sehr viel Vitamin C und Mineralstoffe. Der angenehm schmeckende Tee aus den zerkleinerten Früchten schützt vor Erkältungen und hilft gegen Magenbeschwerden. Rohe Hagebutten sind für den Verzehr nicht geeignet!

Blitzübersicht der wichtigsten Heilpflanzen

Name	Heilende Pflanzenteile	Wirkt bei	Erntezeit
Augentrost	Blühendes Kraut	Augenentzündungen	Juni – Oktober
Baldrian	Wurzel	Krampfartigen Schmerzen des Magen-Darm-Trakts, Nervosität, Schlafstörungen	September – Oktober
Bärlauch	Blätter	Verdauungsstörungen, Schwäche, zur Blutreinigung	April – Mai
Brennnessel	Blätter	Rheuma, Hautausschlag, Harnwegserkrankungen; zur Anregung des Stoffwechsels, für Haarkräftigung	Mai – Juni

Zu Tisch in der Natur

Name	Heilende Pflanzenteile	Wirkt bei	Erntezeit
Brombeere	Blätter und Früchte	Zahnfleischbeschwerden, Entzündungen im Mund-Rachen-Raum, Heiserkeit, Stärkung der Abwehrkräfte	Mai – Juni August – Oktober
Gänseblümchen	Blüten und Blätter	Trägheit des Stoffwechsels	März – Oktober
Goldrute	Blühendes Kraut	Hautkrankheiten, Blasen- und Nieren-entzündungen, zur An-regung des Stoffwechsels	August – Oktober
Heckenrose	Früchte Hagebutten	Magenbeschwerden, Abwehrschwäche, Erkältungskrankheiten	September – November
Heidelbeere	Früchte	Entzündungen der Rachen- und Mund-schleimhaut; zur Stärkung der Abwehrkraft frische, gegen Durchfall getrocknete Beeren	August – September
Holunder	Blüten, Beeren	Bei Erkältung Blütentee, zur Stärkung der Abwehrkraft Püree aus gekochten Beeren	Juni – Juli August – September
Huflattich	Blüten, Blätter	Husten	März – April April – Juni
Johanniskraut	Blühendes Kraut, Öl aus Blüten	Verdauungsbeschwerden, Nervosität, Rheuma, Verstauchung; zur Wundheilung	Juni – Juli
Kamille	Blüten	Infekten der oberen Luftwege, Magen-beschwerden, Entzün-dungen, Erkältung, zur Wundheilung	Mai – Juni

Wenn der kleine und der große Hunger kommt

Name	Heilende Pflanzenteile	Wirkt bei	Erntezeit
Kiefer	Nadeln	Gelenkschmerzen und Muskelkater, als Badezusatz durchblutungsfördernd	Ganzjährig
Königskerze	Blüten	Husten	Juli – August
Linde	Blüten	Abwehrschwäche, Fieber, Erkältungskrankheiten	Juni
Löwenzahn	Blätter	Galle- und Leberleiden, zur Blutreinigung, Anregung des Stoffwechsels, Entwässerung	März – Mai
Minze (Wilde)	Blätter	Magen-Darm-Beschwerden, Erkältungskrankheiten als Gewürz	Juni – Oktober oder ganzjährig
Pfefferminze	Blätter	Magen-Darm-Beschwerden	Juni – Juli
Ringelblume	Blüten	Quetschungen, Hautausschlägen; zur Wundheilung	Juni – Oktober
Rosskastanie	Früchte	Venenentzündung, Krampfadern, Durchblutungsstörungen	September – Oktober
Schafgarbe	Blühendes Kraut	Magen-Darm-Beschwerden, Appetitlosigkeit; zur Anregung des Stoffwechsels, Blutstillung	Juni – September
Schlüsselblume	Blüten	Husten und Bronchitis	März – April
Spitzwegerich	Blätter	Husten	Mai – August
Wegwarte	Blühendes Kraut	Appetitlosigkeit, Verdauungsbeschwerden (Verstopfung), Galle- und Leberstörungen	Juli – September

Blitzübersicht der wichtigsten Giftpflanzen

Pflanzenname	Was ist giftig?	Blüte-/Reifezeit
Aronstab	Ganze Pflanze und die Beeren	Blütezeit: April – Mai Reifezeit: Juli – September
Besenginster	Ganze Pflanze	Frühjahr
Buchsbaum	Ganze Pflanze	Ganzjährig
Buschwindröschen	Ganze Pflanze	Blütezeit: Februar – April
Christrose	Ganze Pflanze	Blütezeit: Dezember – März
Efeu	Ganze Pflanze	Ganzjährig
Eibe	Ganze Pflanze, besonders Samen	Reifezeit: August – Oktober
Eisenhut	Ganze Pflanze, besonders Wurzeln und Samen	Blütezeit: Juni – August
Fingerhut	Ganze Pflanze	Blütezeit: Juni – Juli
Fliegenpilz	Alle Teile	Juli – November
Goldregen	Ganze Pflanze, besonders Hülsen mit den bohnenartigen Samen	Blütezeit: April – Juni Reifezeit: Juli
Herbstzeitlose	Ganze Pflanzen, besonders Knollen und Samen	Blütezeit: September – Oktober Reifezeit: Mai – Juni
Lupine	Samen	Reifezeit: Juli – Oktober
Maiglöckchen	Ganze Pflanze, besonders Blüten und Beeren	Blütezeit: Mai – Juni Reifezeit: Juli – August
Märzenbecher	Ganze Pflanze	Blütezeit: Februar – März
Oleander	Ganze Pflanze	Sommer
Schneeball	Rinde, Beeren, Blätter	Reifezeit: August – November
Schneeglöckchen	Ganze Pflanze	Blütezeit: Februar – März
Seidelbast	Ganze Pflanze, besonders die Beeren	Blütezeit: Februar – April Reifezeit: Juli – August
Stechpalme	Blätter und Beeren	Reifezeit: Herbst
Tollkirsche	Ganze Pflanze, besonders die Beeren	Blütezeit: Juni – August Reifezeit: August – Oktober
Zypressenwolfsmilch	Alle Teile, die Milchsaft enthalten	Blütezeit: April – Mai

Die Kräfte messen:
Spiel, Spannung und Spaß

SPIELE MIT STEINEN UND KIESELN

Auf eurer Abenteuerfahrt und bei den aufregenden Erlebnissen in der freien Natur dürfen Wettkampf und Spaß nicht zu kurz kommen. Es ist eine wohltuende Abwechslung, wenn ihr euch z. B. nach dem Aufbauen eures Zelts oder Arbeiten am Floß mal richtig austoben könnt, oder ihr wollt euch einfach nur die Langeweile vertreiben. Oder ihr habt nach einer Durststrecke mit knappen Vorräten ein sicheres Ziel erreicht, euch zum ersten Mal nach längerer Zeit wieder satt gegessen und wollt der Freude über eure Rettung spielerisch Ausdruck geben. Da sind z. B. Spiele mit Steinen und Kieseln, die ihr im Wald, an Flüssen und Bächen schnell findet, gerade recht. Ihr werdet staunen, was sich mit Steinen und Kieseln alles anstellen lässt, und manches Spiel wird euch gar nicht so fremd vorkommen.

Kiesellaufen

IHR BRAUCHT: Viele kleine Kieselsteine (findet ihr an einem Bach- oder Flussufer)

SO WIRD GESPIELT
→ Auf einer möglichst trockenen Wiese zieht ihr im Abstand von ungefähr zehn Metern mit einem Seil oder einer dicken Schnur eine Start- und eine Ziellinie.
→ Alle Teilnehmer ziehen Schuhe und Strümpfe aus und bilden zwei gleich große Mannschaften.
→ An der Startlinie liegen viele Kieselsteine bereit, die jeder Spieler seiner Mannschaft zwischen die Zehen klemmt und hüpfend bis zur Ziellinie trägt.
→ Dort angekommen legt er den Stein mit dem Fuß in den Karton seiner Mannschaft.
→ Dann rennt er zurück zur Startlinie, tippt den nächsten

Spiel, Spannung und Spaß

Läufer seiner Gruppe an, der sich sofort einen neuen Kieselstein unter den Fuß klemmt und gleichfalls zur Ziellinie läuft, um das Steinchen in den Karton seiner Mannschaft zu werfen.
➜ Alle weiteren Mitspieler machen es ebenso.
➜ Gewonnen hat diejenige Gruppe, die nach einer vom Spielleiter festgelegten Zeit die meisten Steinchen im Karton vorweisen kann.

Ihr könnt aber auch ausmachen, dass die Mannschaft gewonnen hat, deren Spieler zuerst eine bestimmte Anzahl von Steinchen in ihren Karton transportiert haben, ohne eines zu verlieren.
Wenn ihr Lust habt, könnt ihr die Regeln schrittweise verschärfen: Jeder Spieler muss sich unter den Fuß zwei oder drei Steinchen klemmen und loslaufen. Verliert er eines, muss er sich wieder zurück zur Startlinie begeben und von vorn beginnen.

Boccia

Ihr braucht: 1 größeren Stein, kleinere Steine, 1 Filzstift

So wird gespielt
➜ Jeder Spieler bekommt einen mit einer bestimmten Farbe markierten kleineren Stein; das ist sein »Ball«.
➜ Ein Spieler wirft von der festgelegten Wurflinie aus den großen Zielstein möglichst weit auf eine Wiese oder auf den Waldboden.
➜ Jeder Spieler muss nun versuchen, von der Wurflinie aus seinen »Ball« möglichst nah an den Zielstein heranzuwerfen.
➜ Wenn alle ihre »Bälle« geworfen haben, laufen sie zum Zielstein und ermitteln den Sieger. Gewonnen hat, wessen »Ball« dem Zielstein am nächsten ist.

Superboccia

IHR BRAUCHT: 1 größeren Stein, 10 kleinere Steine für jeden Spieler, 1 Filzstift

SO WIRD GESPIELT

→ Jeder Spieler markiert seine Spielsteine mit Buchstaben oder einer bestimmten Farbe.

→ Einer wirft von der Startlinie aus den Zielstein möglichst weit von sich weg.

→ Nun versucht jeder, einen seiner »Bälle« möglichst nahe an den Zielstein heranzuwerfen.

→ Wenn alle geworfen haben, wird wieder ermittelt, wessen »Ball« dem Zielstein am nächsten liegt.

→ Der Sieger darf nun sämtliche übrigen Steine einsammeln und den Spieler bestimmen, der in der nächsten Runde den Zielstein wirft.

→ Das Spiel ist zu Ende, wenn einer der Spieler keine Steine mehr hat. Sieger ist derjenige, der dann die meisten Steine hat.

Steinschleuder

IHR BRAUCHT: Kleinere Steine, 1 Filzstift

SO WIRD GESPIELT

→ Jeder Spieler markiert seinen Stein mit dem Filzstift in einer bestimmten Farbe.

→ Dann klemmen sich alle ihren Stein unter die Zehen und stellen sich an die Wurflinie.

→ Der Reihe nach holen sie mit dem Bein kräftig Schwung und schleudern ihren Stein so weit, wie sie können.

→ Sieger ist, wer seinen Stein am weitesten geschleudert hat.

→ Er bekommt einen Punkt, und ab geht's in die nächste Runde.

Spiel, Spannung und Spaß

Stein-Gedächtnisspiel

IHR BRAUCHT: 16 mit unterschiedlichen Buchstaben oder Zahlen in verschiedenen Farben gekennzeichnete Steine

SO WIRD GESPIELT
→ Die Steine werden in vier Reihen zu je vier Stück auf den Boden oder einen Tisch gelegt.
→ Der erste Spieler hat nun genau eine Minute Zeit, um sich die Anordnung der Steine möglichst genau einzuprägen, dann muss er sich umdrehen.
→ Inzwischen vertauscht einer seiner Mitspieler zwei Steine.
→ Anschließend darf sich der Spieler umdrehen: Er muss erkennen und sagen können, welche Steine anders gelegt wurden.
→ Dann kommen die anderen an die Reihe.
→ Wer sich am besten erinnern kann, hat gewonnen.

Dieses Spiel – eine Variante des bekannten Memory – erfordert hohe Konzentration und eignet sich für Kids ab acht Jahren.

Steineraten

IHR BRAUCHT: 3 Steine für jeden Spieler

SO WIRD GESPIELT
→ Steineraten spielt ihr immer zu zweit: Jeder sucht sich drei Steine, die zusammen gut in eine Hand passen.
→ Dann nimmt er ein bis drei Steine – oder gar keinen! – in seine rechte Hand, ohne dass sein Mitspieler es sieht.
→ Beide Spieler strecken nun die geschlossene rechte Hand aus.
→ Jetzt muss jeder raten, wie viele Steine sich insgesamt in beiden Händen befinden: Die Anzahl der Steine in seiner Hand weiß ja jeder, aber wie viele sind in der des Mitspielers?

Die Kräfte messen

→ Beide nennen eine Zahl: Wenn einer richtig geraten hat, darf er einen Stein ablegen.
→ Sieger ist derjenige, der als Erster keine Steine mehr hat.

Springender Stein

IHR BRAUCHT: Viele flache Steine

SO WIRD GESPIELT
→ Sucht euch an einem See möglichst viele flache Steine.
→ Je flacher der Stein ist, umso öfter und weiter kann man ihn über die Wasseroberfläche springen lassen.
→ Macht eine Stelle ausfindig, wo sich kein anderer in eurer Wurfrichtung befindet.
→ Versucht nun, den Stein leicht gedreht, das heißt in spitzem Winkel, so über das Wasser zu werfen, dass er nur kurz die Oberfläche berührt und dann von selbst weiterspringt.
→ Wer es schafft, den Stein am häufigsten springen zu lassen, hat gewonnen.

Um möglichst viele Steine in einem Turm zu verbauen, müssen sie geschickt aufgeschichtet werden.

Stein auf Stein

IHR BRAUCHT: Viele beliebig große Steine

SO WIRD GESPIELT
→ Die Spieler suchen sich eine große Anzahl Steine, wobei es auf Form und Größe nicht ankommt.
→ Nach dem Startzeichen des Spielleiters versucht jeder, aus möglichst vielen Steinen einen Turm zu errichten.
→ Nach drei Minuten wird abge-

Spiel, Spannung und Spaß

pfiffen, und der Spielleiter zählt die verbauten Steine jedes Turms.

→ Gewonnen hat nicht der Bauherr des höchsten Turmes, sondern der, der die meisten Steine aufgeschichtet hat!

Eierdieb

IHR BRAUCHT: 25 Steine, bunte Federn, Papierschnabel

> ### Schnitzeljagd
>
> **Ziel der spannenden Jagd im Gelände ist es, einen verborgenen »Schatz« zu finden, das heißt Getränke und Süßigkeiten. Man läuft den ausgelegten »Schnitzeln« – z. B. Holzstückchen, Steinchen, Sägemehl – nach oder orientiert sich an versteckten Zeichen, die auf Bäumen eingeritzt sind.**

SO WIRD GESPIELT

→ Als Erstes zählt ihr aus, wer die Henne spielt: Sie trägt als Erkennungszeichen bunte Federn und einen Papierschnabel.
→ Die »Henne« setzt sich auf die Wiese, um sie herum liegen im Kreis 25 mittelgroße »Eier« (Steine).
→ Die Mitspieler versuchen nun, ihr die »Eier« zu stehlen.
→ Wird einer von der »Henne« dabei erwischt und am Arm berührt, scheidet er für diese Spielrunde aus.
→ Das Spiel ist zu Ende, wenn die »Henne« keine »Eier« mehr hat.
→ Der erfolgreichste »Eierdieb« darf in der nächsten Runde die »Henne« spielen!

SPIELE NACH DEM REGEN

Wenn es einmal in Strömen gegossen hat, sind die Geländebedingungen im Wald und auf der Wiese für Rauf- und Rutschspiele sehr günstig. Bei einem warmen Sommerregen beispielsweise könnt ihr eine rasante Schlitterbahn bauen. Ihr werdet dabei jede Menge Spaß haben!

Regenpfützenspiel

SO WIRD GESPIELT
→ Stellt euch im Kreis um eine große Regenpfütze auf, und gebt eurem Nachbarn fest die Hand – ihr dürft sie während des Spiels unter keinen Umständen loslassen!
→ Jetzt rufen alle Spieler: »Achtung, fertig, los!« Durch wildes Ziehen und Zerren versucht nun jeder, seinen Nachbarn und die anderen in die Pfütze zu bringen, ohne selbst dabei nasse Füße zu bekommen.
→ Wer in die Pfütze tritt, auch nur mit einem Fuß, muss ausscheiden.
→ Zum Schluss bleiben nur noch zwei »Pfützenzieher« übrig. Diese stellen sich jeweils auf eine Seite der Pfütze und reichen sich die Hände.
→ Unter den Anfeuerungsrufen der ausgeschiedenen Spieler geht derjenige als Sieger aus dem spannenden Duell hervor, dem es gelingt, seinen Gegner in die Pfütze zu ziehen.

Stiefelschleudern

IHR BRAUCHT: Gummistiefel

SO WIRD GESPIELT
→ Jeder Spieler bringt einen Gummistiefel mit.
→ Die Teilnehmer stellen sich in einer Reihe an der Abwurflinie auf.
→ Auf den Pfiff des Spielleiters werfen alle ihren Gummistiefel so weit wie möglich von sich weg.
→ Wer seinen am weitesten schleudert, hat gewonnen.

Spiel, Spannung und Spaß

Rutschbahn

IHR BRAUCHT: Plastikplane, Schmierseife

SO WIRD GESPIELT
→ Schneidet die große Plastikplane (oder einen Müllsack) auf.
→ Legt sie einen Moment so hin, dass eine Seite schön nass geregnet wird.
→ Reibt diese Seite mit Neutral- oder Schmierseife ein.
→ Legt die Plane mit der nassen Seite nach unten auf eine abschüssige Wiese.
→ Nehmt etwas Anlauf, und springt möglichst gleichzeitig drauf – und ab geht die wilde Schlittenfahrt, auch mitten im Sommer!
→ Haltet euch gut an eurem »Regenschlitten« fest, und achtet vorausschauend auf Bäume und Sträucher, damit es keine Zusammenstöße und Verletzungen gibt.

WETTSPIELE FÜR KLEINE UND GROSSE GRUPPEN

Einen kleinen Vorgeschmack auf den Wettkampf mit anderen in der Gruppe hast du bei den Spielen mit Kieselsteinen sicher bekommen. Jetzt aber geht es erst richtig los, wobei dein körperlicher Einsatz, deine Geistesgegenwart und dein Geschick gleichermaßen gefordert sind.

Hasenjagd

SO WIRD GESPIELT
→ Ihr bildet eine große Gruppe mit gerader Spielerzahl.
→ Einer wird als Fuchs ausgezählt, die anderen sind die Hasen.
→ Die »Hasen« hoppeln fröhlich auf der Wiese herum – da taucht plötzlich der »Fuchs« auf und will sich einen Hasen fangen.

➜ Jeder »Hase« versucht schnell, einen anderen »Hasen« zu finden, und nimmt ihn bei der Hand, denn zu zweit sind die »Hasen« zu stark für den »Fuchs«, und er lässt von ihnen ab.

➜ Ein »Hase« bleibt übrig, und genau auf den hat der »Fuchs« es jetzt abgesehen.

➜ Die anderen »Hasen« können ihrem Artgenossen helfen, indem sie sich dem »Fuchs« in den Weg stellen oder dem Gejagten schnell die Hand geben.

➜ Dann läuft der andere »Partnerhase« weg, der nun selbst zum Gejagten wird.

➜ Wenn der »Fuchs« einen allein hoppelnden »Hasen« gefangen hat, werden die Rollen getauscht.

Tierwettlauf

IHR BRAUCHT: Papierzettel, Stifte

SO WIRD GESPIELT

➜ Sucht euch eine große trockene Wiese und viele Mitspieler (gerade Anzahl) sowie einen Schiedsrichter.

➜ Bildet zwei gleich große und gleich starke Gruppen.

➜ Jetzt schreibt ihr kleine Zettelchen: Auf jeweils zwei Zetteln steht der Name desselben Tieres, also zweimal Pferd, zweimal Schlange, zweimal Frosch usw.

➜ Verteilt diese Zettel gleichmäßig in zwei Schachteln, sodass in jeder ein Tier einmal vorhanden ist.

➜ Jetzt legt ihr zwei Startlinien fest: Beide sollen ungefähr 30 bis 50 Meter auseinander liegen. Jede Gruppe stellt sich hinter ihrer Startlinie auf.

➜ Der Schiedsrichter verteilt nun aus je einer Schachtel Zettel an die Spieler der beiden Gruppen. Jeder liest den Namen seines Tiers und steckt den Zettel wieder gefaltet in die Hosentasche.

➜ Auf das Startzeichen des Schiedsrichters verwandeln sich alle Mitspieler in das Tier, das auf ihrem Zettel steht: Sie hüp-

Spiel, Spannung und Spaß

fen wie ein Frosch, galoppieren wie ein Pferd, schlängeln sich wie eine Schlange, flattern wie ein Vogel. Dabei bewegen sie sich geräuschlos (!) auf die entgegenkommende Tiergruppe zu.
→ Gewonnen hat das Tierpaar, das sich als Erstes gefunden hat, bzw. es scheidet das Paar aus, welches sich zuletzt erkennt.

Wurstreiten

IHR BRAUCHT: Große, längliche Luftballons oder zu einer Wurst gerollte große Handtücher

SO WIRD GESPIELT
→ Jeweils zwei Spieler stellen sich dicht hintereinander und klemmen sich den Luftballon bzw. die »Wurst« – das »Pferd« – zwischen die Oberschenkel.
→ Die »Reiterpaare« nehmen an der Startlinie Aufstellung – je mehr sich finden, desto spannender wird es!
→ Der Schiedsrichter an der Ziellinie, die ungefähr 30 Meter von der Startlinie entfernt ist, gibt das Startzeichen, und alle »reiten« los.
→ Das Paar, welches als Erstes die Ziellinie erreicht, ohne Luftballon oder »Wurst« zu verlieren, hat gewonnen.
Wenn euch das Spiel zu einfach wird, könnt ihr die Regeln ändern, z. B.: Die »Reiter« tragen Gummistiefel oder Schwimmflossen, die Paare »reiten« mit dem Rücken zueinander, ein Partner bekommt die Augen verbunden.

Beim Wurstreiten kommt es darauf an, die »Wurst« bis zur Ziellinie unter die Oberschenkel geklemmt zu halten.

Pyramidenlauf

IHR BRAUCHT: Spielfeld mit weichem Untergrund

SO WIRD GESPIELT
→ Legt eine Start- und eine Ziellinie fest, die nicht mehr als zehn Meter auseinander liegen sollten.
→ Bildet zwei Gruppen von jeweils sechs Spielern.
→ Die drei größten und kräftigsten jeder Mannschaft hocken sich eng nebeneinander auf eine Wiese und stützen sich mit den Händen ab.
→ Zwei leichtere Mitspieler klettern auf die drei Akrobaten, suchen in gleicher Körperhaltung um deren Hüften herum Halt und stützen ihre Hände auf deren Schultern ab.
→ Der leichteste und kleinste jedes Teams steigt ganz oben auf und bildet die Spitze der »Pyramide«.
→ Auf ein Zeichen hin beginnt der Wettlauf.
→ Diejenige »Pyramide«, die als Erste ans Ziel gelangt, hat gewonnen.

Orangenlauf

IHR BRAUCHT: Orangen, Löffel, 2 Körbe

SO WIRD GESPIELT
→ Bildet zwei gleich große Mannschaften.
→ Die Spieler stellen sich in der Reihe hintereinander auf.
→ Jedes Team erhält einen Löffel und genauso viele Orangen, wie es Mitspieler hat.
→ Ungefähr 15 Meter von der Startlinie entfernt wird für jede Gruppe ein leerer Korb bereitgestellt.
→ Auf das Startzeichen hin hüpft der jeweils erste Spieler auf einem Bein in Richtung Korb los und balanciert dabei seine Orange auf dem Löffel.
→ Fällt die Orange herunter, muss er sie wieder drauflegen.

Spiel, Spannung und Spaß

→ Hat er seine Orange im Mannschaftskorb untergebracht, rennt er zurück, und der Nächste ist an der Reihe.
→ Gewonnen hat die Mannschaft, deren Spieler als Erste den Korb mit ihren Orangen gefüllt haben.

Noch spannender wird das Rennen, wenn jeder Spieler, dem die Orange vom Löffel rutscht, zum Start zurückkehren und von vorn beginnen muss.

Streichholzschießen

IHR BRAUCHT: Streichhölzer, Strohhalm, Wasserschüssel

SO WIRD GESPIELT
→ Die Teilnehmer erhalten jeweils zehn Streichhölzer und einen Strohhalm, in dessen vorderes Ende die Streichhölzer wie in ein Blasrohr hineingesteckt werden können.
→ Alle setzen sich im Kreis um eine auf dem Tisch oder auf dem Boden stehende Schüssel mit Wasser.
→ Aus etwa einem Meter Entfernung versucht nun jeder, mit dem Strohhalm möglichst viele Streichhölzer in die Wasserschüssel zu schießen.
→ Sieger ist, wer die meisten Treffer landen konnte.

Schatztruhe

IHR BRAUCHT: Gegenstände, die sich in der freien Natur finden

SO WIRD GESPIELT
→ Ihr geht auf Schatzsuche, und eure Schätze sind die Dinge, die ihr im Wald oder auf der Wiese findet, z. B.: Äste, Steine, Blätter, Blumen, Fichtenzapfen, Eicheln, Nüsse.
→ Einen Mitspieler bestimmt ihr als Schatzmeister: Er be-

Hund und Herrchen

»Hund und Herrchen« wird immer zu zweit gespielt: Einer ist das Herrchen, der andere sein Hund. Beide bekommen die Augen verbunden und stehen etwa zehn Meter voneinander entfernt.

Dann ruft das »Herrchen« seinen »Hund«, der aber nicht folgt, sondern auszuweichen versucht.

Wenn das »Herrchen« seinen »Hund« dennoch erwischt hat, werden die Rollen getauscht.

kommt die »Schätze« und breitet sie in einem großen Kreis aus, in dessen Mitte er steht.

→ Dann stellt ihr euch etwas entfernt in kleinen Kreisen auf, die mit Kreide auf den Boden gemalt sind.

→ Jeder Spieler muss nun versuchen, aus dem Kreis des »Schatzmeisters« möglichst viele »Schätze« in seinen kleinen Kreis zu bringen. Dabei darf er sich aber vom »Schatzmeister« nicht berühren lassen – sonst muss er ausscheiden.

→ Bei jedem Versuch darf nur ein Teil des Schatzes genommen werden.

→ Wenn die »Truhe« des »Schatzmeisters« leer ist, werden die »Schätze« gezählt, und der Gewinner wird ermittelt.

Sackball

IHR BRAUCHT: 2 Jute- oder Müllsäcke, Bälle, mitteldicke Stöcke

SO WIRD GESPIELT

→ Bildet zwei gleich große Mannschaften, und stellt euch hintereinander an der Startlinie auf.

→ In etwa 10 bis 15 Meter Entfernung steckt für jede Mannschaft ein Stock im Rasen.

→ Der jeweils erste Spieler steigt in einen Sack und legt sich einen Ball vor die Füße.

→ Wenn der Schiedsrichter das Startzeichen gegeben hat,

versuchen sie, den Ball nach vorn in Richtung Stock zu schubsen.
→ Haben sie den Stock mit dem Ball getroffen, nehmen sie ihn in die Hand und hüpfen zu ihrer Mannschaft zurück.
→ Dann kommen die weiteren Spieler an die Reihe.
→ Sieger ist das Team, dessen Spieler als Erste die Strecke hin und zurück gelegt haben.

Storchenkampf

So wird gespielt
→ Auf einer Wiese stellen sich zwei Spieler, die »Störche«, auf nur einem Bein stehend einander gegenüber und strecken sich die Handinnenseiten entgegen.
→ Nach dem Startzeichen müssen sie versuchen, sich gegenseitig aus dem Gleichgewicht zu bringen.
→ Verloren hat der »Storch«, der als Erster zu Boden fällt oder sein zweites Bein zu Hilfe nehmen muss.
→ Der »Siegerstorch« fordert jetzt einen anderen zum Kampf heraus.

Der Storchenkampf lässt das Bild der Störche lebendig werden, die in unseren Breiten heute fast ausgestorben sind.

Hagebuttenwerfen

Ihr braucht: Hagebutten

So wird gespielt
→ Ihr bestimmt eine Abwurflinie und legt sechs Meter davon entfernt ein Seil als Ziellinie.
→ Die Spieler stellen sich nebeneinander an der Abwurflinie auf und bekommen jeweils drei Hagebutten.

Die Kräfte messen

→ Sie müssen nun versuchen, ihre Hagebutten möglichst nah an die Ziellinie zu werfen, wobei in jeder Spielrunde nur ein Wurf erlaubt ist.

→ Nach jeder Runde darf derjenige, dessen Hagebutte der Ziellinie am nächsten ist, die übrigen einkassieren.

→ Wer seine drei Hagebutten abgeben musste, scheidet aus.

→ »Hagebuttenkönig« ist, wer am Schluss die meisten Hagebutten hat.

Sträuße sammeln

IHR BRAUCHT: Papier und Bleistift

SO WIRD GESPIELT

→ Schreibt zunächst auf, welche Blumen, Gräser und Zweige in den Strauß gehören sollen – es sollten mindestens zwölf verschiedene Teile sein.

→ Auf das Startzeichen hin stürmen alle zum Sammeln los.

→ Wer als Erster einen Strauß mit den geforderten Bestandteilen zusammenhat, ist der Gewinner.

Dieses Spiel eignet sich, wenn ihr am Ende einer Abenteuerfahrt einen bunten Blumenstrauß mit nach Hause nehmen wollt. Dabei könnt ihr auf spielerische Weise verschiedene Pflanzen- und Gräserarten kennen lernen.

Monsterlaufen

SO WIRD GESPIELT

→ Je zwei Spieler stellen sich Rücken an Rücken, bücken sich und reichen sich durch die gegrätschten Beine die Hände – sie bilden »Monsterpaare«.

→ Sie nehmen an der Startlinie Aufstellung, und los geht das Rennen.

Spiel, Spannung und Spaß

→ Ein Spieler jedes Pärchens läuft vorwärts, der andere rückwärts; sie dürfen die Hände nicht loslassen.

→ Am sechs Meter entfernten Wendepunkt wechseln sie die Laufrichtung.

→ Gewonnen hat das »Monsterpaar«, das als Erstes wieder die Startlinie erreicht.

Stockhüpfen

IHR BRAUCHT: 10 auf dem Waldboden liegende Äste

SO WIRD GESPIELT

→ Ihr legt die Äste im Abstand von etwa 30 Zentimetern quer auf einen Waldweg.

Arme wegziehen

Für diesen Zweikampf ist eine Wiese der ideale Austragungsort. Nehmt euch genug zu trinken mit, denn es wird ganz schön anstrengend. Die beiden Spieler gehen einander gegenüber in den Liegestütz, wobei ihre Köpfe nur ungefähr 15 bis 20 Zentimeter voneinander entfernt sind. Jeder versucht nun, dem anderen einen Arm wegzuziehen, damit er auf den Bauch plumpst, während man selbst die Position zu halten versucht.

→ Die Spieler nehmen alle hinter der Startlinie Aufstellung.

→ Der erste hüpft auf einem Bein los, ohne dabei die Stöcke zu berühren, umzufallen oder das zweite Bein zu Hilfe zu nehmen.

→ Wenn er die Strecke fehlerfrei zurückgelegt hat, dreht er sich herum und ruft z. B. »Stock Nr. 4!«: Jetzt wird der vierte Stock weggenommen und hinter den vordersten gelegt.

→ Dann hüpft der nächste Spieler los, der die durch das Wegnehmen des vierten Stocks entstandene größere Lücke überspringen muss, ohne das Gleichgewicht zu verlieren.

→ Hat er das geschafft, darf auch er einen Stock bestimmen, der verlegt wird.

→ Die folgenden Spieler machen es genauso.

→ Jeder, der den Weg nicht fehlerfrei zurücklegt, scheidet aus.

→ Wem es als Letztem gelingt, die ganze Strecke fehlerfrei zurückzulegen, der hat gewonnen.

Wer es den anderen besonders schwer machen will, kann natürlich den neben einer bereits bestehenden großen Lücke liegenden Stock wegnehmen lassen. Aber Vorsicht: Wenn er selbst noch mal an die Reihe kommt und hüpfen muss, könnte er das Opfer seiner eigenen großen Lücke werden und den Wettkampf verlieren!

Waldsuchen

IHR BRAUCHT: 1 Wollknäuel

SO WIRD GESPIELT
→ Ein Spieler, der Läufer, rennt mit dem Fadenende eines Wollknäuels los.
→ Die anderen sitzen im Kreis, einer von ihnen hält das Wollknäuel lose in der Hand.
→ Wenn das Knäuel abgewickelt ist, pfeift er laut: Das ist für den Läufer das Zeichen, dass er sich versteckt.
→ Die anderen machen sich jetzt auf die Suche nach ihm, indem sie immer der Fadenspur folgen; dabei rollen sie das Knäuel wieder auf.
→ Haben sie das Ende des Fadens erreicht, müssen sie den Läufer im Umkreis von zehn Metern aufspüren.
→ Wer den Ausreißer findet, ist in der nächsten Runde der Läufer!

Wilderer befreien

IHR BRAUCHT: Stöcke, Seile oder Kleidungsstücke

SO WIRD GESPIELT
→ Mit Stöcken, Seilen oder Kleidungsstücken kennzeichnet ihr einen Kreis von etwa sechs Meter Durchmesser auf dem Boden – das ist das Gefängnis.

Spiel, Spannung und Spaß

→ Ein Spieler ist der Förster, ein zweiter der Wilderer. Beide stehen im »Gefängnis«.
→ Die übrigen Spieler sind Wilderer: Sie befinden sich außerhalb des Kreises und versuchen jetzt, ihren Kumpanen aus dem »Gefängnis« zu befreien, indem sie an seiner Hand ziehen.
→ Der »Förster« setzt natürlich alles daran, die Befreiung zu verhindern: Gelingt es ihm, einen der anderen »Wilderer« auch nur zu berühren, wandert auch dieser ins »Gefängnis«.
→ Entweder schaffen es die »Wilderer«, ihren Kumpanen zu befreien, oder der »Förster« bringt alle hinter Gitter.

Apfelbeißen

Ihr bindet einen großen Apfel an den Ast eines Baumes. Zwei Spieler mit verbundenen Augen stellen sich so unter den Apfel, dass er zwischen ihnen baumelt. Jeder muss versuchen, immer wieder ein Stück Apfel abzubeißen, ohne dass er dabei die Hände zu Hilfe nehmen darf.

Zapfenwerfen

IHR BRAUCHT: Fichtenzapfen, Stöcke, Eimer

SO WIRD GESPIELT
→ Ihr bildet zwei gleich große Mannschaften, die sich hinter der Startlinie aufstellen.
→ Jeweils drei Meter vor ihnen wird ein Eimer aufgestellt, neben dem ein Spieler der gegnerischen Mannschaft wacht.
→ Jeder Spieler hat zwei Fichtenzapfen, die er in den Eimer werfen muss.
→ Der Wächter neben dem Eimer versucht jedoch, die Zapfen mit einem Stock wegzuschlagen, sodass sie neben den Eimer fallen.
→ Sieger ist die Mannschaft mit den meisten Zapfen im Eimer.

Versteckter Ball

I̶H̶R̶ ̶B̶R̶A̶U̶C̶H̶T̶: Ball

S̶O̶ ̶W̶I̶R̶D̶ ̶G̶E̶S̶P̶I̶E̶L̶T̶

→ Die Spieler stellen sich in einer Reihe auf, einer geht fünf Meter weit vor und wendet ihnen den Rücken zu.

→ Er wirft den Ball rückwärts zu seinen Mitspielern.

→ Diese versuchen, den Ball schnell zu fangen und hinter ihrem Rücken zu verstecken.

→ Der Werfer muss jetzt raten, wer den Ball hinter seinem Rücken hält.

→ Irrt er sich, darf in der nächsten Runde derjenige den Ball werfen, der ihn gehalten hat.

→ Errät er den richtigen Fänger, darf er noch mal werfen.

Rotnasenspiel

I̶H̶R̶ ̶B̶R̶A̶U̶C̶H̶T̶: Lippenstift

S̶O̶ ̶W̶I̶R̶D̶ ̶G̶E̶S̶P̶I̶E̶L̶T̶

→ Ihr macht einen Ausflug: Ein Spieler geht voran, die anderen folgen ihm.

→ Nach ungefähr zehn Minuten klatscht der Anführer dreimal in die Hände.

→ Sofort versuchen die anderen, sich im Wald zu verstecken.

→ Der Anführer dreht sich um: Wenn er jemanden weglaufen sieht oder in seinem Versteck erkennt, ruft er laut und für alle hörbar dessen Namen und malt ihm mit rotem Lippenstift einen Punkt ins Gesicht.

→ Gewinner ist derjenige, der am Ende des Ausflugs die wenigsten Punkte im Gesicht hat!

Spiel, Spannung und Spaß

Bachspringen

IHR BRAUCHT: Stöcke oder Seile, flache Steine

SO WIRD GESPIELT
→ Sucht euch eine ebene Wiese, und stellt euch vor, hier sei ein Bach, den ihr mit geschickten Sprüngen trockenen Fußes überqueren müsst!
→ Um die Breite des Baches zu kennzeichnen, legt ihr als Start- und Zielufer zwei mehrere Meter voneinander entfernte Linien mit Stöcken oder Seilen.
→ Nun sucht sich jeder Spieler schnell einen flachen Stein.
→ Alle stellen sich am Startufer auf und werfen ihren Stein so weit von sich, dass sie ihn gerade noch mit einem Sprung aus dem Stand erreichen können. Dabei muss der Stein zumindest von einem Fuß bedeckt werden.
→ Wer daneben springt, ist ins Wasser gefallen und scheidet aus.
→ Diejenigen, die ihren Stein erreicht haben, werfen ihn von ihrem Standort aus erneut von sich weg – so geht es weiter, immer in Richtung Zielufer.
→ Sieger ist, wer es als Erster erreicht.

Wald-und-Wiesen-Abc

SO WIRD GESPIELT
→ Ihr sitzt ruhig im Kreis, und jeder hat zunächst Zeit, sich zu den einzelnen Buchstaben des Alphabets (außer X und Y) Begriffe einfallen zu lassen, die thematisch zu Wald, Wiese, Pflanzen, Natur und Wanderung passen, z. B.: Ahorn oder Alpen, Birke oder Berge, Campingkocher oder Chrysantheme, Drossel oder Dachs usw.
→ Dann beginnt ein Spieler mit dem Buchstaben A, und die anderen müssen reihum zum jeweils folgenden Buchstaben einen Begriff nennen.

Die Kräfte messen

→ Fällt einem auf Anhieb keiner ein, zählen die Mitspieler langsam und laut bis fünf. Wenn er auch dann noch keinen Begriff weiß, setzt er sich einen Schritt zurück und scheidet für diese Runde aus.

→ Gewinner ist, wer als Letzter einen Begriff nennen kann, nachdem alle anderen ausgeschieden sind.

Dieses Buchstabenspiel eignet sich sehr gut für abends am Lagerfeuer, wenn ihr in einer geselligen Runde beisammensitzt.

Abc-Spiel

So wird gespielt

→ Ein Spieler ruft laut »A« und sagt in Gedanken das Alphabet weiter auf, bis ein zweiter »Stopp« ruft.

→ Der erste Spieler nennt jetzt laut den Buchstaben, bei dem er inzwischen angelangt ist, z. B. D.

→ Jetzt beginnt ein dritter Spieler mit dem Alphabet, und ein vierter sagt wieder »Stopp«!

→ Der zweite Buchstabe wird laut genannt, z. B. R.

→ Alle Spieler müssen nun ein Wort nennen, in dem die beiden Buchstaben vorkommen, z. B.: Adler, Rad usw.

→ Das könnt ihr so lange fortsetzen, bis einem Spieler nach dem anderen kein Wort mehr dazu einfällt und er ausscheidet.

→ Wer zum Schluss übrig bleibt, hat gewonnen und beginnt wieder mit dem Alphabet.

Zusammen am Lagerfeuer: Die richtige Stimmung für Gitarrenspiel oder Buchstaben- und Wortspiele.

Spiel, Spannung und Spaß

Wenn euch dieses Wortspiel mit zwei Buchstaben zu einfach erscheint, könnt ihr auch einen dritten oder vierten hinzunehmen. Es ist ebenfalls für abends am Lagerfeuer geeignet. Nach der körperlichen Betätigung während des Tages ist es außerdem eine gute Gelegenheit, dem Kopf ein wenig auf die Sprünge zu helfen.

INDIANERWITZE UND INDIANERSPRÜCHE

Damit es abends am romantischen Lagerfeuer nicht langweilig wird, könnt ihr statt der beiden zuletzt genannten Spiele euch gegenseitig Indianergeschichten erzählen, die ihr gelesen habt. Oder ihr habt im Kino oder Fernsehen kürzlich einen mitreißenden Indianerfilm gesehen und könnt es kaum erwarten, die anderen mit einer spannenden Schilderung zu begeistern. Ihr werdet bestimmt aufmerksame Zuhörer finden!
Natürlich könnt ihr auch die kürzere Form von Indianerwitzen und -sprüchen wählen, die nicht selten in schallendem Gelächter untergehen werden. Hier ein paar Beispiele zur Auswahl.

Rotes Pferd

Sanfter Hirsch stürmt wütend in das Stammeszelt und schreit: »Wer hat mein Pferd rot angestrichen?« Da steht ein über zwei Meter großer Krieger mit mächtigen Muskeln und 16 Skalpen am Gürtel auf, schaut Sanften Hirsch böse an und zischt: »Ich war das!« Zitternd stottert Sanfter Hirsch: »Prima, Kumpel, ich wollte dir nur sagen, dass die Farbe trocken ist.«

Geburtstag

Kleiner Büffel wünscht sich zum Geburtstag sehnlichst einen echten Tomahawk. Darauf sagt sein Vater: »Okay, du bekommst einen Kinder-Tomahawk.« – »Ich will aber einen echten«, drängelt sein Sohn. »Jetzt ist aber Schluss mit dem Gequengel! Wer ist denn hier eigentlich der Boss, du oder ich?« – »Im Augenblick du, Papa, aber wenn ich einen echten Tomahawk hätte …«

Täuschung

»Kannst du mir verraten, warum Starker Wolf immer mit einer Angel in den Wald zum Jagen geht?« – »Klar. Wenn ihn die Hirsche so sehen, laufen sie nicht weg. Sie glauben, er will nur zum Angeln gehen.«

Geduld

Stiller Wolf sitzt bereits seit Stunden am See und angelt. Da kommt zufällig Zappeliges Wiesel des Weges, setzt sich neugierig neben ihn und schaut ihm einige Stunden schweigend zu. Dann fragt Zappeliges Wiesel: »Gibt es eigentlich etwas Langweiligeres, als stundenlang zu angeln?« – »Aber sicher doch«, antwortet Stiller Wolf trocken. »Jemandem stundenlang beim Angeln zuzuschauen.«

Neue Namen

Ein Indianer kommt zum Medizinmann und sagt: »Oh, großer Medizinmann, ich möchte meinen Namen ändern lassen, er ist so furchtbar lang.« – »Okay, aber wie heißt du denn?« – »Rasender Falke, der vom Himmel fällt.« – »Aha. Und wie möchtest du künftig heißen?« – »Plumps!«

Telefonieren

Ein weißer Siedler beobachtet in den Bergen einen Indianer, der seit einiger Zeit Rauchsignale zum Himmel sendet. Kopfschüttelnd spricht er einen anderen Indianer an: »Sag mal, das ist doch reine Verschwendung. Wie viel Holz braucht man denn für diesen Blödsinn?« Darauf wiegt der Indianer den Kopf hin und her und meint: »Kommt ganz darauf an, ob es ein Orts- oder ein Ferngespräch werden soll …«

Erste Bärenjagd

Abends am Lagerfeuer berichtet Schneller Kojote stolz von seinem ersten erlegten Bären. »Gerade als ich von meinem Pferd abgestiegen war, um die Spuren genauer zu untersuchen, steht plötzlich ein riesiger Bär vor mir, brüllt los und sperrt sein Maul weit auf. Mein Pferd nahm natürlich sofort Reißaus, und ich stürzte hinterher. Der Bär verfolgte uns augenblicklich. In Panik rannte ich um mein Leben, versuchte sogar, den Bären durch Zickzacklaufen in die Irre zu führen. Aber es half nichts, er kam immer näher. Plötzlich stolperte ich über eine große Wurzel und blieb völlig erschöpft liegen, wohl wissend, dass jetzt meine letzte Stunde gekommen war. Da aber sehe ich, dass der Bär hinter mir ausrutscht und mit gebrochenem Genick liegen bleibt.« – »Mein Gott, ich bewundere deinen Mut, Schneller Kojote«, sagt ein Stammesbruder. »Ich hätte mir vor Angst in die Hosen gemacht!« Darauf meint Schneller Kojote trocken: »Ja, was glaubst du, worauf der Bär wohl ausgerutscht ist?«

Festessen

Nach dem Abschluss eines Friedensvertrages zwischen Weißen und Indianern gibt der General ein Festessen. Großer Büffel sitzt zwischen zwei weißen Soldaten. Der eine sagt zu Großer Büffel: »Mampf, mampf, gut?« – »Gut, gut«, antwortet Großer Büffel. Der andere sagt: »Schluck, schluck, auch gut?« – »Gut, gut«, sagt Großer Büffel. Dann steht er auf und hält eine lange, wortreiche Rede in perfekter Sprache der Weißen. Als er zu seinem Platz zurückkommt, sitzen die beiden Tischnachbarn mit hochrotem Kopf da. Daraufhin sagt Großer Büffel: »Na, Blabla, auch gut?«

Kürzester Weg

Ein weißer Soldat reitet durch die Prärie und will auf schnellstem Weg den Postzug nach Delaware erreichen. Er galoppiert seit Stunden, ist aber noch lange nicht am Ziel. Da trifft er den Stammesältesten Weiser Falke und fragt ihn: »Wenn ich jetzt durch dieses Tal reite, erwische ich dann noch den Postzug um acht Uhr?« – »Aber klar doch«, meint Weiser Falke. »Und wenn dich die Büffelherde im Tal entdeckt, erwischst du sogar den Sechsuhrzug.«

Wunderwurzel

Ein weißer Soldat reitet durch die Wüste. Da sieht er Häuptling Mutiger Bär, der auf ein paar alten Wurzeln herumkaut. Entsetzt steigt der Soldat vom Pferd und fragt: »Warum kaut mein roter Bruder auf diesen ekligen Wurzeln herum?« Mutiger Bär entgegnet: »Damit ich klüger werde.« Fragt der Soldat: »Gibst du mir bitte auch welche?« – »Wenn du mir eine Flinte

Spiel, Spannung und Spaß

*»Kampfszenen« dürfen bei Indianerspielen nicht fehlen –
wozu hat man schließlich seinen Federschmuck aufgesetzt!*

gibst, kriegst du sogar zwei der seltensten Wurzeln.« Schnell reicht der Soldat seine Flinte dem roten Bruder. Etwas widerwillig beginnt er, die Wurzeln zu kauen. Nach einer halben Stunde brummt er vor sich hin: »Meine schöne neue Flinte gegen zwei alte, trockene Wurzeln zu tauschen war ganz schön dumm von mir.« – »Aha«, sagt Mutiger Bär, »die Wurzeln wirken ja schon bei dir.«

INDIANERSPIELE FÜR KLEINE UND GROSSE GRUPPEN

Die Witze und Sprüche der Indianer haben euch bestimmt Lust gemacht, selbst einmal so zu sein wie sie. Das ist in unseren Breitengraden heute leider nur noch selten möglich, da die Menschen die Natur durch Eingriffe stark verändert haben.

Die Kräfte messen

Aber für eure Abenteuerfahrt habt ihr euch ja ein »wildes«, vergleichsweise unberührtes Gelände ausgesucht, das gute Voraussetzungen bietet, um das Leben der Indianer in Spielen nachzuempfinden.

Große Büffeljagd

IHR BRAUCHT: Zweige, die sich gut biegen lassen; Seil, Holzstecken

SO WIRD GESPIELT
→ Ihr biegt Zweige zu einem Reifen zusammen und hängt diesen mit dem Seil so an einen Ast, dass er etwa einen Meter über dem Boden schwebt.
→ Stellt euch in einer Reihe auf, drei Meter vom Reifen entfernt.
→ Jetzt versucht ihr, Holzstecken, eure »Speere«, durch den Reifen zu werfen.
→ Wenn euch das zu einfach erscheint, könnt ihr den Reifen vorher anstubsen, damit er hin und her schwingt, oder ihr vergrößert nach jedem Durchgang die Entfernung zum Reifen.
→ Gewonnen hat der, dem es gelingt, die meisten »Speere« durch den Reifen zu werfen.

Bei diesem Geschicklichkeitsspiel kann jeder seine Treffsicherheit unter Beweis stellen.

Hängematte

IHR BRAUCHT: 2 Handtücher oder 2 kleine Decken, Ball

SO WIRD GESPIELT
→ Die beiden Spieler stellen sich in einem Abstand von drei Metern einander gegenüber.

Spiel, Spannung und Spaß

→ Jeder hält ein Handtuch, eine kleine Decke oder ein T-Shirt in den Händen – das ist seine Hängematte.
→ Einer legt den Ball in seine »Hängematte«, zieht sie ruckartig an beiden Enden stramm und schleudert so den Ball in Richtung Gegenspieler.
→ Der muss den Ball mit seiner »Hängematte« auffangen und wieder zurückbefördern.

Die »Hängematte« ist in diesem Spiel ein locker gehaltenes Handtuch, in dessen Mitte ein Ball liegt.

Indianerduell

IHR BRAUCHT: 4 große Löffel; Gegenstände, die man hineinlegen kann

SO WIRD GESPIELT
→ Zwei »Indianer« stellen sich einander gegenüber: Sie halten in jeder Hand einen großen Löffel.
→ Auf den rechten Löffel legt ihr einen Stein, einen Ball, einen Fichtenzapfen, Nüsse oder was sonst hineinpasst.
→ Dann versuchen die »Indianer« mit ihrem leeren Löffel, den Gegenstand vom Löffel des Gegners zu schubsen.
→ Wem das zuerst gelingt, der hat gewonnen!

Wettlauf mit Steinen

IHR BRAUCHT: Flache Steine

SO WIRD GESPIELT
→ Auf den Boden werden mehrere ineinander liegende große Kreise gezeichnet.

Die Kräfte messen

→ Dann bekommt jeder der beiden Spieler einen Hüpf- und einen Ratestein.

→ Mit ihrem Hüpfstein stellen sie sich auf den äußersten Kreis; in den Händen hinter dem Rücken halten sie ihren Ratestein versteckt.

→ Nun wird abwechselnd geraten: Wer die Hand seines Partners, in der der Ratestein jeweils liegt, richtig errät, darf mit seinem Hüpfstein einen Kreis nach innen wandern.

→ Wer zuerst in der Mitte angekommen ist, hat gewonnen.

Büffelkampf

SO WIRD GESPIELT

→ Auf dem Boden wird ein großer Kreis markiert.

→ Zwei »Indianer« setzen sich in die Mitte, Rücken an Rücken – sie sind die Büffel.

→ Nun versucht jeder »Büffel«, den anderen aus dem Kreis zu drücken, wobei die Hände nicht benutzt werden dürfen; die Kraft darf nur aus den Beinen und Füßen kommen.

→ Wer zuerst aus dem Kreis gedrückt wurde, hat verloren.

→ Jeder »Indianer« wünscht sich, so stark wie ein Büffel zu werden. Bei diesem Spiel kann er fleißig üben!

Tal des Todes

IHR BRAUCHT: Seil, Zeitungspapier

SO WIRD GESPIELT

→ Sucht euch einen großen Baum mit einem kräftigen Ast.

→ Daran befestigt ihr ein dickes Seil, das bis knapp über den Boden hängt.

→ Links und rechts vom Seil legt ihr in größtmöglichem Abstand jeweils eine Zeitung so aus, dass man von ihnen aus das

Spiel, Spannung und Spaß

Seil gerade noch greifen kann: Die beiden Zeitungen sind die Felsspitzen, dazwischen liegt das Tal des Todes.
→ Nun versucht ihr der Reihe nach, mit Hilfe des Seils von einer Zeitung zur anderen zu schwingen.
→ Wer in das Tal des Todes fällt, für den gibt es keine Rettung, und er hat verloren.

Schneller Reiter

So wird gespielt
→ Ihr bildet mindestens zwei Gruppen von jeweils drei Spielern: Der leichteste ist der Reiter, die beiden anderen sind das Pferd. Das Vorderteil des »Pferdes« bewegt sich aufrecht, das Hinterteil geht gebückt und umklammert dessen Hüften. Der »Reiter« sitzt auf dem Hintermann.
→ Auf einer Wiese stellen sich die Gruppen an der Startlinie auf.
→ Wenn der »Medizinmann« das Startzeichen gegeben hat, reiten die Gruppen los: Jeder »Reiter« versucht nun, den anderen vom Pferd zu ziehen – Stoßen und Hauen sind verboten.
→ Sieger ist, wer am längsten auf seinem »Pferd« sitzen bleibt.

Je mehr »Reiter« gegeneinander antreten, desto spannender wird der Kampf.

Magisches Seil

Ihr braucht: Langes, dickes Seil

So wird gespielt
→ Die Seilenden werden verknotet.
→ Die »Indianer« stellen sich im Kreis auf und umfassen das Seil mit der rechten Hand.

→ Nur auf einem Bein stehend, versucht nun jeder, die anderen durch ruckartiges Ziehen und Zerren am Seil aus dem Gleichgewicht zu bringen.

→ Wer hinfällt, das Seil loslässt oder mit dem linken Bein den Boden berührt, scheidet aus.

→ Häuptling »Magisches Seil« wird derjenige, der bis zuletzt standhaft ist.

Himmel und Erde

IHR BRAUCHT: Etwa 20 kleine Steine

SO WIRD GESPIELT
→ Ihr sammelt im Wald oder am Flussufer 20 kleine Steine.

→ Dann grabt ihr ein kleines Loch in die Erde und legt die Steine hinein.

→ Alle Spieler setzen sich im Kreis um das Erdloch.

→ Der erste nimmt einen Stein heraus, wirft ihn in die Luft, nimmt mit derselben Hand einen zweiten Stein aus dem Erdloch und fängt den ersten Stein wieder auf.

→ Wenn ihm das gelingt, darf er einen Stein behalten und noch eine Runde werfen. Gelingt es ihm nicht, muss er die Steine wieder in die Mulde legen, und der nächste »Indianer« darf sein Glück versuchen.

→ Sieger ist derjenige, der am Schluss die meisten Steine hat.

Fliegende Tomahawks

IHR BRAUCHT: Flachsteine, Holzstäbe, dünne Schnur

SO WIRD GESPIELT
→ Für den Wettkampf, bei dem es darum geht, wer am geschicktesten mit seinem Jagdbeil umgehen kann, bastelt sich

Spiel, Spannung und Spaß

jeder zunächst seinen Tomahawk, indem er einen Flachstein mit dünner Schnur am Holzstab festbindet (siehe dazu auch die Knoten auf Seite 70f.).

→ Nun bekommen die Teilnehmer jeweils eine alte Konservendose zugeteilt: Sie werden nebeneinander im Abstand von ungefähr einem Meter auf einen waagerechten Baumstamm gestellt.

→ Dann stellen sich alle in einer Entfernung von zwei Metern zu den Dosen mit ihrem Tomahawk in einer Reihe auf.

→ Auf das Kommando des »Medizinmannes« werfen alle gleichzeitig nach ihrer Dose.

→ Wer seine Dose verfehlt, muss ausscheiden.

→ Die nächste Runde ist etwas schwieriger, denn nun wird der Abstand zu den Dosen um einen Schritt rückwärts vergrößert.

→ Wer am Schluss übrig bleibt, hat gewonnen!

Tanz der Schlangen

Zwei »Indianer« stehen sich im Abstand von etwa zwei Metern gegenüber. Sie haben um ihr rechtes Bein die beiden Enden eines Seils gebunden. Nun beginnt der Schlangentanz. Jeder Tänzer versucht, durch Bewegungen seines Körpers den anderen aus der Balance zu bringen. Nur mit den Füßen dürfen sie den Boden berühren: Wer fällt oder sich mit Po und Händen abstützt, hat verloren.

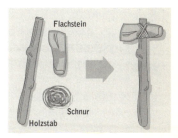

Das bekannte Jagdbeil der Indianer kann jeder mit wenigen Materialien selbst herstellen.

Goldsuche

IHR BRAUCHT: 2 Kieselsteine, Sand

SO WIRD GESPIELT
➜ Zwei »Indianer« nehmen einander gegenüber im Schneidersitz auf dem Boden Platz.
➜ Mit Sand bildet jeder drei kleine Häufchen vor sich.
➜ Einer der beiden dreht sich um und zählt bis 20, während der andere seinen Kieselstein, den »Goldklumpen«, in einem seiner Sandhäufchen versteckt.
➜ Dann werden die Rollen getauscht.
➜ Auf das Kommando »Achtung, fertig, los!« stürzen sich die »Indianer« auf die »Sandburgen« ihres Gegners.
➜ Wer zuerst den »Goldklumpen« des anderen gefunden hat, ist Sieger.

Feuer und Wasser

IHR BRAUCHT: Baumscheibe oder Brett, blaue und rote Malfarbe

SO WIRD GESPIELT
➜ Ihr nehmt eine Baumscheibe oder ein Brett und malt eine Seite blau an – das ist die Wasserseite –, die andere Seite rot – das ist die Feuerseite.
➜ Dann bildet ihr zwei gleich große »Indianergruppen«: die Wasserfreunde und die Bewacher des Feuers.
➜ Alle stellen sich um den »Medizinmann« herum auf. Wenn dieser das Holzstück in die Höhe geworfen hat, laufen alle, auch der »Medizinmann«, möglichst weit weg.
➜ Ist die Scheibe auf dem Boden gelandet, bleiben alle sofort stehen.
➜ Die Gruppe, deren Farbe nach oben zeigt, darf nun möglichst viele gegnerische »Indianer« abschlagen, bis der »Medizinmann« laut bis 15 gezählt hat.

Spiel, Spannung und Spaß

→ Dann werden alle abgeschlagenen Spieler der Jägergruppe zugerechnet.
→ Erneut versammeln sich alle »Indianer« um den »Medizinmann«, der die Scheibe zur zweiten Runde wirft.
→ Das Spiel ist beendet, wenn eine Gruppe keine Mitspieler mehr hat.

Hintergrund des Spiels: Als Naturvolk hatten die Indianer ein besonders enges Verhältnis zu Feuer und Wasser. Feuer gibt Wärme und Licht, ohne die ein Mensch nicht leben kann. Ohne Wasser wäre auf der Erde alles vertrocknet; Menschen, Tiere und Pflanzen wären nicht lebensfähig.

Pflockwerfen

IHR BRAUCHT: 6 Holzpflöcke, Fichtenzapfen o. Ä., Äste, Stöcke, Steine

SO WIRD GESPIELT
→ Auf einer großen Wiese steckt ihr im Abstand von etwa einer Schrittlänge sechs Holzpflöcke nebeneinander tief in den Boden, sodass sie ungefähr noch 20 Zentimeter herausragen.
→ Auf jeden Pflock legt ihr einen Stein, einen Fichtenzapfen, eine Kastanie oder eine leere Dose.
→ Dann sucht ihr euch Wurfgeschosse, z. B. einen dicken kurzen Ast, einen Stock oder einen mittelgroßen Stein.
→ Jeder versucht nun, aus einer Entfernung von zehn Schritten die Gegenstände von den Pflöcken zu schießen.
→ Wer am häufigsten getroffen hat, ist der Gewinner.

Unsichtbarer Fuchs

Auf der Jagd mussten sich Indianer gut tarnen können. Genau darum geht es in diesem Spiel: Ein »Indianer« bekommt fünf Minuten Zeit, sich im Wald mit Gebüsch, Ästen und Gras so perfekt zu tarnen, dass ihn keiner erkennt. Dann machen sich die anderen »Indianer« auf die Suche. Wer »Unsichtbaren Fuchs« als Erster entdeckt, darf sich in der nächsten Runde tarnen.

Büffeljagd

IHR BRAUCHT: Gürtel, lange Schnur, Dose

SO WIRD GESPIELT
➜ Einer spielt den Büffel: An seinen Taillengürtel wird eine drei Meter lange Schnur gebunden, an deren Ende eine leere Dose befestigt ist.
➜ Der »Büffel« rennt los, so schnell er kann, und die »Indianer« jagen ihn.
➜ Wem es gelingt, auf die Dose zu treten, der hat den »Büffel« gefangen.

➜ Er darf sich den »Büffelschwanz« als Trophäe umbinden und als Nächster losrennen.

Blinder Häuptling

IHR BRAUCHT: Augenbinde, leeren Korb oder Karton, Eicheln

SO WIRD GESPIELT
➜ Einem »Indianer« werden die Augen verbunden – er ist der »blinde Häuptling«, der Geburtstag hat und auf die Gaben seiner Untertanen wartet.
➜ Deshalb wird vor ihm ein leerer Korb oder Karton aufgestellt, in den sie gelegt werden können.
➜ Seine »Stammesbrüder« müssen sich nun geräuschlos anschleichen und ihre Geschenke, die Eicheln, so im Korb ablegen, dass der »Häuptling« nichts hört. Nur dann werden sie angenommen.

Spiel, Spannung und Spaß

→ Bemerkt der »Häuptling«, dass sich jemand nähert, schickt er ihn zurück.

→ Wem es als Letztem nicht gelungen ist, sein Geschenk abzulegen, der spielt in der nächsten Runde den Häuptling.

Kriegsgeheul

IHR BRAUCHT: Augenbinden

SO WIRD GESPIELT

→ Jeder »Indianer« sucht sich einen Partner, mit dem er einen bestimmten Kriegsgesang ausmacht.

→ Dann bekommt jeweils ein Partner die Augen verbunden, sodass er nichts mehr sehen kann.

→ Die »blinden Indianer« verteilen sich bis auf Hörweite im Gelände.

→ Nach dem Startzeichen beginnen die »Brüder« mit dem jeweils vereinbarten Kriegsgeheul.

→ Die »blinden Indianer« müssen jetzt aus dem lauten Chor den speziellen Kriegsgesang ihres Partners heraushören und zu ihm laufen.

→ Die sehenden »Indianer« rühren sich dabei nicht von der Stelle.

→ Verloren hat das »Indianerpaar«, das sich als Letztes gefunden hat.

Rollender Donner und Schneller Pfeil

Dieses Geschicklichkeitsspiel zu zweit trainiert Kondition und Treffsicherheit. Ein »Indianer« lässt einen aus biegsamen Zweigen gewundenen Reifen mit Schwung über den Weg rollen. Sein roter Bruder versucht aus einer Entfernung von etwa eineinhalb Metern, Stöcke und/oder Pfeile hindurchzuwerfen. Nach fünf Versuchen werden die Rollen vertauscht.

Turmwerfen

IHR BRAUCHT: Etwa 50 Zentimeter lange, dicke Stöcke, 9 faustgroße Steine

SO WIRD GESPIELT

→ Aus Steinen errichtet ihr zwei Türme: einen großen aus sechs Steinen (unten drei, dann zwei, oben einer) und eine Schrittlänge davor einen kleinen mit den übrigen drei Steinen (unten zwei, oben einer).

Turmwerfen: Beide Türme sollen mit einem einzigen Wurf getroffen werden.

→ Acht Schritte in gerader Linie von den Türmen entfernt stellt ihr euch auf und steckt eure Stöcke in den Boden.

→ Der Reihe nach zielt ihr nun mit Stöcken auf die Türme: Zuerst muss der kleine Turm getroffen werden und dann im Weiterflug der große.

→ Wem dieser Wurf gelingt, der erhält Punkte, deren Summe aus der Zahl der abgeworfenen Steine des kleinen Turms mal der der gefallenen Steine des großen errechnet wird. Wer die meisten Punkte hat, ist Sieger.

Gefahr im Verzug:
Wie ihr gefährliche Situationen meistert

Unglückfälle und Ausnahmesituationen

In den vorigen Kapiteln habt ihr bereits viele Hinweise und Tipps bekommen, wie ihr euch in der freien Natur durchschlagen könnt. Auch anhand von Spielen konntet ihr euch auf den Ernstfall vorbereiten. Ihr seid also für gefährliche Situationen gut gerüstet. Trotzdem kann es z. B. passieren, dass ihr plötzlich fernab jeglicher Zivilisation um euer Leben kämpfen müsst. Gefahrensituationen kann man nicht grundsätzlich verhindern, aber man kann lernen, sich dabei richtig zu verhalten.

Abgeschnitten von der Zivilisation

Natürlich ist es wenig wahrscheinlich, dass ihr mit dem Auto in der Wüste oder im Urwald plötzlich stecken bleibt, dass ein Flugzeug mit euch an Bord in einer völlig unbewohnten Gegend oder auf einer einsamen Insel notlanden muss oder dass ihr euch bei einer Bergwanderung verlaufen habt und von einem Unwetter überrascht werdet (denn das kann euch, wenn ihr die Tipps in diesem Buch beachtet, kaum passieren).
Aber wenn es doch einmal dazu käme – oder wenn ihr solche Situationen für euer Survival-Training durchspielen wollt –, könnt ihr durch richtiges Verhalten nicht nur euer eigenes, sondern auch das Leben anderer Menschen retten!

Oberstes Gebot: Ruhe bewahren

Panik und Nervosität machen jede Notlage nur noch schlimmer – weil man dann keine klaren Gedanken mehr fassen kann. Die erste Regel lautet deshalb immer: Nicht hektisch werden, nicht blind reagieren, sondern cool bleiben, sich sammeln und nachdenken. Mach dir ein genaues Bild von der Situation: Von wo drohen welche Gefahren? Wo findest du si-

Wie ihr gefährliche Situationen meistert

chere Zufluchtsorte? Welche Möglichkeiten hast du, um einem anderen zu helfen bzw. ihn zu retten?
Beginne dann, deine Survival-Maßnahmen einzuleiten. Falls andere nur jammernd herumsitzen, übernimmst du das Kommando. Beruhige sie, und sage ihnen, was zu tun ist. Und denk dran: Kopflose Flucht führt meistens in die falsche Richtung, weil die Gefahr – ob Lawine, Steinschlag oder Feuer – meist schneller ist als du.

Durch Notzeichen Hilfe rufen

Das international bekannteste Notsignal heißt SOS, die Abkürzung für den englischen Hilferuf »Save our Souls« (»Rettet unsere Seelen«). Dieser SOS-Notruf, durch Licht- oder Rauchsignale oder mit Pfeif-, Knall- und Klopfgeräuschen erzeugt, wird überall auf der Welt von Rettungsmannschaften verstanden. Nach dem Morsealphabet besteht er aus drei kurzen, drei langen und wieder drei kurzen Zeichen (siehe Seite 50 f.).
→ Im Gebirge sind jedoch die alpinen Hilferufe gebräuchlicher: sechs hörbare oder sichtbare Signale pro Minute. Wurde dein SOS-Notruf von jemandem aufgenommen, antwortet er zur Bestätigung des Empfangs mit drei Signalen in der Minute.
→ Alpine Notsignale werden am besten mit einer Trillerpfeife, lautem Schreien, einer Taschenlampe, Feuer- und Rauchsignalen oder Winkzeichen gegeben.
→ Wenn ihr in der Gruppe unterwegs seid, solltet ihr möglichst gleichzeitig mehrere sichtbare und hörbare Notsignale senden.

Luftretter auf sich aufmerksam machen

Wenn Hubschrauber oder Flugzeuge eingesetzt werden, um Vermisste zu suchen, müssen gut sichtbare Zeichen gegeben werden, die auch aus großer Höhe noch deutlich zu erkennen

Gefahr im Verzug

Mit dem Feuerdreieck kann man bei Dunkelheit Hubschrauber oder Flugzeuge auf die Unglücksstelle aufmerksam machen.

sind. Denn obwohl die Retter ständig den Boden absuchen, können sie eine einzelne Person, die nur Winkzeichen mit der Hand gibt, leicht übersehen.

→ Das wichtigste international gültige Notsignal für Piloten besteht aus drei Feuern, die an den Ecken eines gleichschenkeligen Dreiecks von ungefähr 100 Schritten Seitenlänge verteilt gezündet werden.

→ Gerade bei Dunkelheit sollten die Feuer möglichst groß sein. Dann können sie sogar noch von hoch fliegenden Linienmaschinen wahrgenommen werden. Bei solchen Zeichen sind die Piloten angewiesen, über Funk die Position an die nächste Rettungsleitstelle zu übermitteln.

→ Bei Tageslicht ist dem Feuer eine Rauchsäule vorzuziehen. Du bringst die drei Feuer der letzten Nacht zum Qualmen, indem du frisches Gras oder Laub hineinwirfst. Das Feuer darf aber nicht ersticken. Die aufsteigenden Rauchwolken kannst du mit einem Mantel, einer feuchten Zeltplane oder Decke kurz bzw. lang abdecken. So lassen sich kürzere oder längere Rauchzeichen als SOS-Signal geben. Wenn du zu wenig oder kein Holz für drei Feuer findest oder der Platz knapp ist, zündest du nur ein Feuer an und versendest die SOS-Signale mit Licht oder Rauchsignalen.

→ Bei Tage sollte man sich zusätzlich einen Spiegel, einen glänzenden Blechdosendeckel, geglättetes Aluminiumpapier – z. B. von Schokolade –, eine Glasscherbe oder ein glänzend poliertes Blatt zurechtlegen, mit denen man das Sonnenlicht zum Flugzeug oder Hubschrauber reflektieren kann. Auch ein nur schwaches Blinken, das mit solchen Hilfsmitteln erzeugt wird, ist für den Piloten deutlich zu sehen.

Verständigung mit dem Hubschrauber

Hat dich der Pilot bemerkt und nähert er sich im Tiefflug, kannst du ihm durch weitere Signale Informationen über deine Notlage geben, damit er die richtigen Maßnahmen einleiten kann. Um Missverständnisse zu vermeiden, ist es außerdem wichtig, dem Piloten nicht einfach zuzuwinken. Besser verwendest du wieder die international gültigen Hilfesignale.

Die Hilfesignale sind empfangen und verstanden worden: Ein Hubschrauber bringt Rettung.

→ Stehend streckst du beide Arme schräg nach oben, sodass sie mit deinem Körper ein Y bilden: Das steht für das englische »Yes« – »Ja, ich brauche/wir brauchen Hilfe.«
→ Wenn Verletzte zu versorgen sind, gibst du dem Piloten zunächst das Y-Signal, anschließend legst du dich sofort auf den Boden. Wenn du diese Reihenfolge dreimal wiederholst, weiß der Pilot, dass sofort ärztliche Hilfe benötigt wird bzw. Verletzte zu bergen sind.

In der Regel wird ein Hubschrauber in unmittelbarer Nähe landen oder einen Retter abseilen. Ist das nicht möglich, umkreist der Pilot mehrmals euren Standort und gibt euch Zeichen.
→ Lässt er die Hubschrauberkanzel wie einen Kopf auf und ab nicken, heißt das, dass er die Situation und den Hilferuf aufgenommen hat.

Gefahr im Verzug

→ Das Gleiche gilt, wenn Copilot oder Retter euch aus der offenen Luke einen Arm mit zur Faust geballter Hand und nach oben zeigendem Daumen entgegenstrecken. Sie haben euch verstanden und organisieren die Rettung.

→ Gewöhnlich signalisiert der Pilot, dass er die Notsignale verstanden hat, indem er mit den Flugzeugflügeln wackelt, bevor er weiterfliegt.

Weitere Notsignale sind nun nicht erforderlich – schont eure Kräfte!

Überrascht durch Nebel, Dunkelheit, Schnee

Nebel und Dunkelheit werden euch in der Regel nichts ausmachen, denn ihr habt ja in diesem Buch gelernt, wie man sich immer und überall orientiert (siehe Seite 26f.). Anders ist es, wenn ihr euch in Gebieten befindet, in denen ihr einen Abhang hinunterstürzen könnt oder mit gefährlichen Tieren, beispielsweise Wildschweinen, rechnen müsst. Da solltet ihr schnell einen sicheren und geschützten Lagerplatz in unmittelbarer Nähe ausfindig machen, eine Hütte aus Ästen und Sträuchern errichten und ein Feuer anzünden.

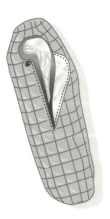

Biwaksack statt Hütte

In solchen Situationen ist der Biwaksack ein nützlicher, manchmal überlebenswichtiger Ausrüstungsgegenstand. Er wird vor allem bei Touren im Hochgebirge verwendet, wo sich kaum Holz für Feuer oder Material zum Hüttenbau finden lässt. Dann ersetzt er die Hütte. Seine Innenseite ist mit Aluminium beschichtet und

Der auf der Innenseite mit Aluminium beschichtete Biwaksack speichert die Körperwärme.

Wie ihr gefährliche Situationen meistert 165

reflektiert die Körperwärme. (Bei hohen Temperaturen kann der Biwaksack umgedreht werden, sodass die heißen Sonnenstrahlen von der Metallschicht reflektiert werden und der Schutz vor zu viel Wärme gewährleistet ist.)

Überleben in der Schneehöhle

Bei großer Kälte besteht die Gefahr, dass ihr im Schlaf Erfrierungen erleidet. Dann müsst ihr möglichst viele Feuer anzünden. Außerdem braucht ihr einen Nachtwachenplan: Der Wache Haltende, der spätestens nach einer Stunde abgelöst werden sollte, muss die Schlafenden alle 20 Minuten wecken. Der Schnee hat jedoch eine Eigenschaft, die jetzt sehr gelegen kommt: Er isoliert die Wärme des menschlichen Körpers! Deshalb bauen Eskimos beispielsweise ihre Häuser aus Schnee, und Polarforscher graben sich im Schnee ein.
→ Buddelt euch am besten direkt neben den Zweigen einer Fichte oder Tanne bis zum Stamm am Boden in den Schnee ein. Dort findet sich ein durch die Äste des Baumes geschützter Hohlraum, in dem ihr zusammengekauert schlafen könnt.
→ Deckt die Höhle mit Schnee ab und lasst ein großes Luftloch frei.
→ Steckt um das Luftloch senkrecht mehrere Zweige, damit es nicht von Schnee zugeschüttet wird.

Eiszelte bauen

Im Gegensatz zu Iglus (siehe Seite 166) lassen sich Eiszelte auch bauen, wenn es einmal nicht so stark geschneit hat.
→ Zunächst schaufelt ihr aus dem vorhandenen Schnee einen möglichst großen Haufen.
→ In den grabt ihr eine Wohnhöhle, deren Schlupfloch in die der Windrichtung entgegengesetzte Seite zeigt.
→ Ist gerade kein Wind spürbar, legt ihr das Schlupfloch in

Richtung Südosten an – das ist die in Mitteleuropa seltenste Windrichtung.

→ In die Decke der Schneehöhle bohrt ihr ein nicht mehr als armstarkes Luftloch.

→ Anschließend zündet ihr in der Schneehöhle ein Feuer an und lasst es so lange brennen, bis die Wände zu schmelzen beginnen.

→ Wenn das Schmelzwasser heruntertropft, schiebt ihr das brennende Holz mit Stöcken aus der Höhle und baut auf der Schlupflochseite eine Schneewand als Windfang, der kalte Luft in die Höhle leitet und so die tropfenden Wände vereisen lässt.

→ Ist das Schmelzwasser an den Wänden zu Eis gefroren, wird der Windfang wieder entfernt, und das Eiszelt ist bewohnbar.

Ihr könnt nun eine Kerze oder zwei in der Wohnhöhle anzünden, die euch Licht und Wärme spenden. Das reicht (zusammen mit eurer Körperwärme) völlig aus, um das Eiszelt gut zu heizen, ohne dass die Wände schmelzen.

Dann könnt ihr euch beruhigt schlafen legen. Einer aus der Gruppe sollte, im Wechsel mit den anderen, Wache halten, da immer die – wenn auch sehr geringe – Gefahr des Einsturzes besteht und jemand auf die Kerze aufpassen muss.

Ein Iglu errichten

Bei sehr hoher und fester Schneedecke ist das Iglu der Eskimos als Wärme spendende Behausung geeigneter als die Schneehöhle. Sie stürzt nicht ein, wenn sie richtig gebaut wird.

→ Dazu werden ziegelförmig aus der Schneedecke gestochene oder geschnittene Schneeblöcke spiralförmig im Kreis so aneinander gereiht und gestapelt, dass sie eine Kuppel bilden, in die ein kleines Luftloch gebohrt wird – die einzelnen

Wie ihr gefährliche Situationen meistert

Schneeblöcke stützen sich nach dem Gewölbesystem gegenseitig.
→ Der Eingang darf auch hier nicht größer sein als ein Schlupfloch und muss entgegen der Windrichtung oder nach Südosten angelegt werden.
→ Zur Beheizung reicht auch beim Iglu eine Kerze.

Verschüttet von der Lawine

Lawinen sind die größte Gefahr im verschneiten Gebirge. Diese Schneemassen können plötzlich talwärts rutschen und alles, was sich ihnen in den Weg stellt, »verschlucken«. Wenn Menschen oder Tiere von ihrem tonnenschweren Gewicht mitgerissen und begraben werden, haben sie nur sehr geringe Überlebenschancen.
Gerade wegen der Lawinengefahr dürft ihr im schneebedeckten Gebirge grundsätzlich nur mit Lawinenschnüren losziehen, die ihr locker um die Hüfte schlingt und die euch dann im Abstand von fünf bis zehn Metern verbinden. Achtet darauf, dass die Seile zwischen euch immer fast straff sind. Dann geben sie auch Halt, falls einer von euch in ein zugeschneites Loch stolpert und stürzt.

Gefahren lauern auch in »sicheren« Gebieten

Keinesfalls dürft ihr den Hinweisen vertrauen, dass Lawinen nur in bestimmten Gebieten oder bei bestimmten Wetter-, Wind- oder Temperaturbedingungen abgehen. Tatsache ist, dass Lawinen immer und überall abgehen können, sogar von einem kleinen Hügel mit einem Neigungswinkel von nur 17 Grad. Haltet euch deshalb möglichst nur in Gebieten auf, die von den örtlichen Lawinenwarndiensten für den Wintersport freigegeben sind. Meidet alle übrigen schneebedeckten Berggebiete.

Verhaltensregeln beim Abgang von Lawinen

1   Versuche, der Lawine zu entkommen, indem du zur Seite wegläufst oder mit den Skiern wegfährst. Wenn du das nicht schaffst, löse schnell die Skibindungen.

2   Versuche, dir ein Bild von der anrollenden Lawine zu machen.

3   Bei einer leichteren Staublawine (Schneestaub) verankerst du dich mit verkehrt herum in den Schnee gerammten Skistöcken gegen den Druck der Lawine. Kauere dich zusammen, und binde einen Schal vor Mund und Nase, um vom Schneestaub nicht erstickt zu werden.

4   Bei einer harten Festschneelawine wirfst du sofort die Skistöcke weg und versuchst, in aufrechter Haltung zu bleiben, den auf dich zustürzenden Lawinenblöcken zu entweichen oder von kippenden Blöcken abzuspringen.

5   Bei einer Lockerschneelawine kannst du schwimmend an der Oberfläche bleiben: Wirf die Skistöcke weg, und schwimme mit der Strömung davon.

6   Wenn es dir nicht gelingt, an der Oberfläche zu bleiben, weil dich die Lawine herunterzieht, musst du dir Atemraum verschaffen, um nicht zu ersticken. Hierzu hältst du die verschränkten Arme in Boxerstellung vor das Gesicht, dann atmest du ganz tief ein; dadurch bildet sich ein großer Hohlraum im Schnee.

7   Gerate nicht in Panik, wenn es dunkel wird. Du kannst trotzdem in der Nähe der Oberfläche sein, auch wenn du jetzt kein Licht mehr sehen kannst.

8   Wenn du verschüttet bist, wirst du zunächst Probleme mit deinem Orientierungssinn haben. Vergeude nicht sinnlos deine verbleibende Energie. Bevor du anfängst, dich auszugraben, musst du feststellen, wo oben und unten ist. Lass Speichel aus deinem Mund fließen – er fließt immer abwärts. Jetzt weißt du, dass du in die andere Richtung buddeln musst.

9   Wenn du Menschenlaute oder Hundegebell vernimmst, schrei so kräftig, wie du kannst, um Hilfe.

10 Schütze deine Augen mit Schal oder Händen, damit sie bei Suchaktionen nicht von Geräten oder Stöcken verletzt werden können.

Wichtig ist, wie in allen Notfällen, dass ihr bei einer abgehenden Lawine nicht vor Schreck erstarrt und wie gelähmt stehen bleibt, sondern möglichst gelassen das geübte Überlebenswissen umsetzt. Aus diesem Grund sollte der Katastrophenfall einer abgehenden Lawine vorher mehrmals durchgespielt werden, bevor ihr ins schneebedeckte Gebirge zieht.

Eine anrollende Lawine orgelt, poltert, pfeift und dröhnt wie ein gewaltiges Erdbeben – um eine lebhafte Vorstellung zu vermitteln, kann der Gruppenleiter diese Geräusche nachahmen. Vor allem solltet ihr in der konkreten Situation die oben stehenden Verhaltensregeln beherzigen.

Das richtige Verhalten hängt entscheidend davon ab, ob es sich um Schneestaub, eine Lockerschnee- oder eine Festschneelawine handelt.

Lawinenopfern helfen

Vielleicht wirst du zum Glück nur Zeuge eines Lawinenunglücks; dann kannst du anderen helfen, indem du z. B. verschüttete Personen mit den Augen verfolgst oder die Strömung des Schnees genau beobachtest, auch wenn der Verschüttete nicht mehr zu sehen ist. Merke dir die ungefähre Lage, fahre los oder schicke jemanden, der den Bergrettungsdienst benachrichtigt. Schneller geht es natürlich über Handy. Gibt es mehrere Zeugen des Unglücks, beginnen sie sofort, mit Händen und Stöcken nach den Verunglückten zu graben. Wenn Verschüttete gefunden werden, geht ihr folgendermaßen vor.

→ Zuerst wird der Kopf mit den Händen vorsichtig angefasst; die Atemwege müssen freigelegt und geschützt werden.
→ Der Schnee wird aus Mund und Nase gewischt und eine Atemspende gegeben.
→ Die übrigen Körperteile dürfen wegen Unterkühlungsgefahr keinesfalls freigelegt werden.

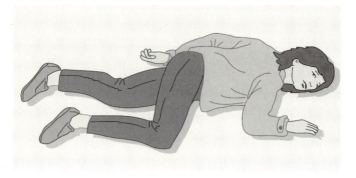

Stabile Seitenlage: Ein Bein gestreckt, das zweite angewinkelt hüftwärts gezogen; ein Arm angewinkelt mit der Handfläche nach unten, der andere gestreckt mit dem Handrücken nach unten.

→ Das Opfer wird an eine lawinensichere Stelle transportiert und in die stabile Seitenlage gebracht, damit die Schneereste aus den Atemwegen abfließen können.
→ Falls nötig, werden Wiederbelebungs- und Versorgungsmaßnahmen gegen Erfrierung und Unterkühlung eingeleitet (siehe Seite 196 und 211).
→ Bewusstlose dürfen nur von speziell ausgebildeten Rettungsteams abtransportiert werden, weil die Wiederbelebungsversuche (Beatmung und Herzdruckmassage) auch während des Transports ohne Unterbrechung fortgesetzt werden müssen. Anderenfalls besteht höchste Lebensgefahr.

Gefährdet durch Steinschlag

Steinschlag kann durch mehrere Faktoren ausgelöst werden, z. B. durch extreme Temperaturschwankungen. Infolge der großen Spannung zwischen Wärme und Kälte dehnt sich das Gestein aus und zieht sich wieder zusammen, sodass es Risse bekommt. In diese dringen Tau und Regen, die nachts gefrieren können, wodurch das Gestein auseinander getrieben und durch das Eis gleichzeitig zusammengehalten wird. Wenn das Eis am Tag darauf schmilzt, stürzen die brüchigen Steine ins Tal. Die gefährlichste Tageszeit ist darum der Vormittag nach sehr kalten Nächten.

Steinschläge drohen aber auch zu anderen Tageszeiten und können weitere Ursachen haben. Sie entstehen z. B. auch durch starken Wind und Regen sowie bei Gewitter, und sogar Menschen und Tiere können durch ihr Verhalten Steinschläge auslösen.

Gegen Steinschlag bist du gewappnet, wenn du folgende Regeln beachtest.

→ Meide gefährliche Stellen, also Flächen unter steilen und überhängenden Felswänden, vor allem am Vormittag, bei Sturm und bei Regen.

→ Halte dich von Schluchten und Rinnen fern – hier können Steine hin und her fliegen.

→ Schrecke keine Tiere auf, die Geröll lostreten könnten.

→ Halte dich nicht in der Falllinie von über dir wandernden Menschen auf.

→ Achte darauf, dass du dich nicht plötzlich ungewollt in einem steinschlaggefährdeten Gebiet mit vielen heruntergefallenen Steinen oder brüchig wirkenden Felsen befindest.

→ Hast du dich trotzdem in ein steinschlaggefährdetes Gebiet verirrt, dann achte genau auf deinen Weg. Suche den toten Winkel – also alle Felsvorsprünge, Bodenwellen, schanzenartigen Felsbrocken, über die die Steine hinwegfliegen. Im Schutz des toten Winkels kannst du von keinem Stein getroffen werden. Wenn alles ruhig ist, läufst du zum nächsten toten Winkel. Findest du einmal keinen toten Winkel, dann schau aufmerksam nach oben, damit du einem herunterfallenden Stein noch rechtzeitig ausweichen kannst.

Gefahr im Verzug

→ Seid ihr zu mehreren unterwegs, passiert immer nur einer den gefährdeten Bereich, während die anderen beobachten und eventuell Warnungen zurufen können.

Bedroht vom Blitz

Eine der größten Gefahren, die in der freien Natur lauern, ist, von einem Blitzschlag tödlich getroffen zu werden. Dieses Risiko ist in höheren Lagen besonders hoch – aber auch auf einem freien Feld im Flachland kann der Blitz einschlagen. Daher solltet ihr euch bei Gewitter gar nicht im Freien aufhalten.

Aber vielleicht werdet ihr an einem anfangs sonnigen Tag auf einer Wanderung von einem Gewitter überrascht. Um euer Risiko nicht zu unterschätzen, solltet ihr euch die Gewalt eines Blitzschlags deutlich vor Augen führen.

Ein Blitz erzeugt die kaum vorstellbare Temperatur von 30 000 °C.

Die Gewalt des Blitzes

Der Blitz entsteht durch die Entladung der Luftelektrizität zwischen Wolken und Erde oder zwischen den Wolken untereinander, während der Donner durch die plötzliche Ausdehnung der erhitzten Luft verursacht wird. Dabei werden Spannungsdifferenzen von mehreren hundert Millionen Volt erzeugt. Der Blitz erreicht eine Geschwindigkeit von 10 000 Kilometern pro Sekunde und eine Temperatur von 30 000 °C. Trotzdem überleben 60 Prozent der vom Blitz getroffenen

Wie ihr gefährliche Situationen meistert

Menschen, allerdings oft mit zunächst lebensgefährlichen Verbrennungen.

Das Lebensrettungsprogramm bei Gewitter

1 Lausche auf die Tierstimmen: Unmittelbar vor dem Gewitter verstummen sie.

2 Achte darauf, ob ein Mitglied deiner Gruppe vielleicht über Kribbeln auf der Kopfhaut, Haarsträuben oder starken Kopfdruck klagt. Dies ist eine »biologische Wettervorhersage«, ein Zeichen dafür, dass sich sein Körper bereits elektrisch auflädt und dadurch zum Ziel des Blitzes werden kann. (Wetterfühlige Menschen spüren ein nahendes Gewitter im Körper.)

3 Überprüfe, ob in deiner Umgebung Metallgegenstände surren – dadurch kündigt sich Blitzgefahr an.

4 Zähle die Sekunden zwischen Blitz und Donner. Wenn du das Ergebnis durch drei teilst, weißt du, wie viele Kilometer das Gewitter noch entfernt ist.

5 Stell an der Windrichtung fest, ob das Gewitter zu dir hin- oder von dir wegtreibt. Beobachte dabei die Bewegung der Wolken.

6 Versuche, die Windgeschwindigkeit zu schätzen; dann weißt du, wie schnell das Gewitter bei dir ist. Bedenke auch, dass sich bei einem Gewitter die Windgeschwindigkeit schnell erhöht.

7 Stell dich in einer Gewitterzone niemals breitbeinig hin.

8 Bewege dich nicht gehend oder laufend fort.

9 Setz oder leg dich nicht auf den flachen Boden.

10 Lehn dich nirgends an, und stütz dich nirgends ab.

11 Hocke dich stattdessen mit zusammengepressten Beinen hin, damit dein Körper die Erdströme abwehren kann.

12 Versuche, wenn möglich, einen blitzgesicherten Ort zu erreichen. Sicher sind alle Autos, mit Blitzschutzanlagen gesicherte Häuser, Berghütten,

Biwakschachteln, Seilbahnkabinen, Eisenbahnwagen, Wohnwagen mit Metallkarosserie.

13 Überlege genau, welche Orte du unbedingt meiden musst und welche du aufsuchen kannst, wenn keiner der genannten blitzsicheren Orte in der Nähe ist.

14 Meide Höhleneingänge, Tunneleingänge, Überhänge, Felsdächer, Nischen, Felsrisse, Vertiefungen und Felsgrotten.

15 Meide alle Schluchten, Rinnen, Gräben oder sonstige Orte, an denen der Gewitterregen Sturzbäche bildet.

16 Meide alle Örtlichkeiten, die als Folge von Blitzeinschlag und Regen durch Steinschlag gefährlich werden könnten.

17 Meide alle steil aufragenden Örtlichkeiten wie Berggipfel, Berggrate, Felsnasen, frei stehende Scheunen, Zelte, Masten, Türme und einzelne Bäume; denn jeder allein stehende Baum zieht den Blitz an. (Die bekannte Bauernregel »Vor Eichen soll man weichen, Buchen soll man suchen« ist gefährlicher Unsinn!)

18 Vergegenwärtige dir, dass der Blitz auch in tiefer liegenden Bereichen unterhalb eines Berggipfels einschlagen kann.

19 Such dir, wenn möglich, einen Platz in mindestens zwei bis acht Meter Entfernung von einer senkrechten Felswand, die mindestens zehnmal höher ist als dein zusammengeduckter Körper. Statt einer Felswand kannst du dir auch einen Felsbrocken aussuchen.

20 Suche die Nähe eines Waldes, und stell dich unter eine Gruppe von Bäumen, aber auch dort nie unter einen einzeln stehenden.

21 Such dir möglichst einen trockenen Untergrund, auf dem du dich mit eng geschlossenen Füßen (niemals barfuß!) ganz tief in Kugelform zusammenkauerst, mit dem du aber (bis auf die Schuhsohlen) jede Berührung meidest.

22 Meide die Nähe zu allen Metallteilen wie beispielsweise eingeschlagenen Kletterhaken, Metalltafeln, Drahtsicherungen und die aus Steigleitern bestehenden Kletterpfade in Gebirgen.

Wie ihr gefährliche Situationen meistert

23 Lass keine Metallgegenstände wie Messer, Beile, Karabinerhaken, Eispickel oder Spazierstöcke mit Metallspitze in deiner Nähe frei herumliegen.

24 Halte dich fern von Flüssen, Bächen, Seen, denn Nässe leitet den Blitz.

25 Sichere dich mehrfach, wenn du dich gerade an einer absturzgefährdeten Stelle befindest, da ein Blitzschlag ein Seil durchtrennen kann.

26 Lass niemals ein Seil ausgerollt liegen, es wirkt wie ein Blitzleiter – eventuell in deine Richtung!

27 Wandert, wenn ein Gewitter vorüber ist, nicht vorschnell weiter, denn Gewitter kommen häufig nach einigen Minuten zurück. Bleibt an eurem blitzsicheren Ort.

28 Wenn einer in eurer Gruppe vom Blitz getroffen wurde, kühlt sofort seine Brandwunden mit Wasser (siehe auch Seite 212 f.). Unterstützt Bewusstlose mit einer Atemspende und Herzdruckmassage (siehe Seite 182 f. und 200 f.). Ruft außerdem sofort ärztliche Hilfe herbei.

Sich wirksam schützen bei Gewitter

Wie ihr euch bei Gewitter im Einzelnen schützt, erfahrt ihr im »Überlebensprogramm« auf der vorigen Doppelseite. Ergänzend noch ein paar allgemeine Anmerkungen.

→ Damit es erst gar nicht so weit kommt, dass ihr von ei-

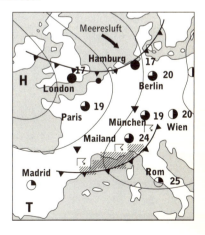

⌐ in der Wetterkarte zeigen an, in welchen Gebieten – hier in großem Maßstab – Gewitter zu erwarten sind.

nem Gewitter überrascht werdet, lohnt es sich, auf die Wolkenbildung und ihre für Unwetter typischen Formen zu achten (siehe Seite 23 f.). Dann habt ihr für eure Sicherheit schon mal gut vorgesorgt – denn kein Gewitter kommt in Sekundenschnelle.

→ Wenn euer eigenes Wettergefühl (siehe Seite 22 f.) noch nicht so gut entwickelt ist, solltet ihr den örtlichen Wetterbericht hören – das bisschen Zeit ist in diesem Fall eine lohnende Investition für den aufmerksamen Abenteurer.

→ Unternehmt bei zu erwartenden Gewittern keine großen Wanderungen und Bergtouren.

→ Achtet, bevor ihr zu einer Tagestour aufbrecht, schon in der Früh auf typische Vorboten des Gewitters: Regenbogen, Morgennebel bei hohen Temperaturen oder Ausbleiben des Morgennebels bei stechender Sonne.

EINGEKREIST VON FEUER?

Wenn ihr die in diesem Buch genannten Regeln für ein Lagerfeuer beachtet, kann von ihm kaum eine Gefahr ausgehen. Aber andere sind vielleicht nicht so vorsichtig wie ihr. Dann kann es zu verheerenden Waldbränden kommen, die allerdings manchmal auch durch Blitzschlag oder durch Selbstentzündung ausgelöst werden.

Wenn es im Wald brennt

Zur Selbstentzündung genügt es bereits, dass Sonnenlicht auf eine in trockenem Gestrüpp liegende Glasscherbe oder eine leere Flasche fällt. Die kann dann wie ein Brennglas wirken, und das trockene Laub oder Reisig beginnt zu brennen (siehe Seite 82). Auch deshalb ist es wichtig, niemals Müll in der Natur zurückzulassen.

Wie ihr gefährliche Situationen meistert

Bemerkt ihr Rauchschwaden im Wald, müsst ihr euch vor dem eventuell ausgebrochenen Brand in Sicherheit bringen. Dabei ist die Beachtung einiger Regeln hilfreich.

→ Prüft die Windrichtung, und beobachtet, in welche Richtung der Rauch zieht – in die dürft ihr nicht rennen, weil euch der Brand einholen oder sogar einkreisen könnte. Das Feuer kann sich mit einer Geschwindigkeit von mehr als 20 Stundenkilometern ausbreiten, indem es in den Wipfeln von einem Baum zum nächsten springt.

Bei einem Großfeuer verläuft die Fluchtrichtung vom Brandherd weg in einem 45-Grad-Winkel zur Windrichtung.

→ Bewegt euch am besten seitwärts in einem 45-Grad-Winkel zur Zugrichtung des Rauchs. So gewinnt ihr Abstand zum Brandherd und entfernt euch außerdem aus der mutmaßlichen Wanderrichtung des Feuers (immer in Windrichtung). Die direkte Gefahr für euch ist erst vorüber, wenn ihr in einen Bereich gelangt seid, in dem aus der Windrichtung kein weiterer Rauch zu euch herübergeweht kommt.

→ Stellt sich heraus, dass tatsächlich ein Waldbrand ausgebrochen ist, solltet ihr so schnell wie möglich Hilfe herbeiholen.

→ Ist die Rauchentwicklung eher gering, dann rührt sie vermutlich von einem Lagerfeuer her, und ihr müsst euch nur ein sehr kurzes Stück in die beschriebene Fluchtrichtung bewegen. Befindet ihr euch dann in der rauchfreien Zone, könnt ihr die Ursache des Feuers erkunden.

Wenn die Eisfläche bricht

- Gute Schwimmer denken vielleicht, dass es ihnen nichts ausmacht, wenn sie beim Schlittschuhlaufen auf dem Eis einbrechen. Die Wirklichkeit sieht anders aus.
- Mit dem Zusatzgewicht von dicker Winterkleidung und Schuhen ist es sehr schwer, wieder an Land zu kommen. Eisbrocken im Wasser behindern die notwendigen starken Schwimmbewegungen zusätzlich. Außerdem setzt bei den extrem niedrigen Wassertemperaturen sehr rasch Unterkühlung ein.
- Wagt euch daher nicht auf unsichere Eisflächen; betretet nur solche, die offiziell freigegeben wurden. Die größte Gefahr besteht bei fließendem Gewässer, weil hier der Unglücksrabe von der Strömung unter der Eisfläche fortgerissen wird.
- Er sollte die Arme ausbreiten und versuchen, mit Schwimmbewegungen an der Oberfläche zu bleiben. Helfer werfen ihm aneinander geknotete Kleidungsstücke oder ein Seil zu und nähern sich ihm mit einer Leiter, die über das feste Eis geschoben wird. Der Retter muss mit einem Seil gesichert sein, er kriecht bäuchlings auf den Verunglückten zu.

VERLETZT ODER KRANK: DAS ERSTE-HILFE-ABC

Während eures Abenteuerurlaubs oder auf einer Wanderung kann es passieren, dass sich einer von euch verletzt oder krank wird. Daher muss jede Gruppe immer einen standardisierten Verbandsbeutel oder Erste-Hilfe-Koffer mit einer Fahrtenapotheke mitnehmen. Außerdem empfiehlt es sich, vorher

Wie ihr gefährliche Situationen meistert

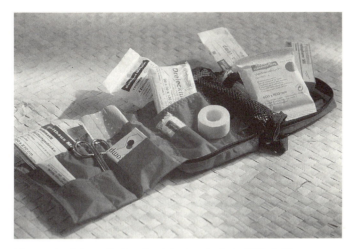

Ein standardisierter Verbandbeutel oder ein Erste-Hilfe-Koffer mit Fahrtenapotheke gehört für jede Pfadfindergruppe zur Grundausrüstung.

gemeinsam an einem Erste-Hilfe-Kurs teilzunehmen. Denn einen solchen Kurs vollständig ersetzen kann auch das folgende kleine Erste-Hilfe-Abc nicht; es dient in erster Linie dazu, das bereits erworbene Wissen aufzufrischen und die notwendigen einzelnen Schritte noch einmal zusammenzufassen. Auf jeden Fall ist es sinnvoll, wenn du dir das Erste-Hilfe-Abc aufmerksam durchliest, denn du findest auch viele Hinweise und Erläuterungen, was bestimmte Krankheitserscheinungen überhaupt bedeuten können und wie du dich im Ernstfall richtig verhältst. Dann kannst du überlegt handeln.

Grundimmunisierung nicht vergessen

Vorbeugend ist für alle Abenteurer eine Maßnahme wichtig: die so genannte Grundimmunisierung gegen Tetanus mittels

Impfung. Diese muss alle fünf Jahre erneuert werden und schützt dich bei Verletzungen und Schürfwunden vor der tödlichen Infektion des Wundstarrkrampfes. Vor jeder Reise oder Fahrt musst du also in deinen Impfpass schauen, ob der Tetanusschutz noch gegeben ist; anderenfalls gehst du rechtzeitig zum Arzt und lässt dich nachimpfen!

Was in die Fahrtenapotheke gehört

Bevor ihr dann euren Rucksack packt, müsst ihr den Inhalt der Fahrtenapotheke kontrollieren und gegebenenfalls ergänzen. In die Fahrtenapotheke gehören unbedingt wirksame Mittel gegen die häufigsten Beschwerden, so z. B. gegen Durchfall, Erbrechen, Fieber, Kopf-, Halsschmerzen, Erkältungsbeschwerden, Mücken- und andere Insektenstiche, Sonnenbrand, sowie Allergie- und in ausreichender Menge Desinfektionsmittel.

Allgemeine Regeln der ersten Hilfe

Tritt dann während eures Abenteuerurlaubs der Ernstfall ein, dass sich einer verletzt oder krank wird, ist es ganz wichtig, dass du bestimmte Verhaltensregeln beachtest.

→ Bleibe ruhig und gelassen, verbreite keine Hektik, damit der Verletzte nicht glaubt, es hätte ihn besonders schwer erwischt, und deshalb zusätzlich in Panik gerät.

→ Rede dem Verletzten gut zu, mach ihm Mut, dass er gesund wird und alles nicht so schlimm ist!

Im Notfall ist es wichtig, den Betroffenen zu beruhigen. Auf keinen Fall darf man ihn alleine lassen.

→ Unterlass alle Hilfsmaßnahmen, von denen du nicht sicher weißt, ob sie im Augenblick sinnvoll sind oder wie sie richtig durchgeführt werden.

→ Verhindere, dass sich an der Unfallstelle eine Ansammlung Schaulustiger und Wichtigtuer bildet – sie stehen nur im Weg.

Wie ihr gefährliche Situationen meistert

→ Bedenke, dass jede – auch eine scheinbar kleine – Verletzung beim Betroffenen einen Schock auslösen kann, der unter Umständen gefährlicher ist als die Verletzung selbst.
→ Beachte, dass einem Bewusstlosen niemals Flüssigkeit eingeflößt werden darf, weil er nicht schlucken kann und ersticken würde.
→ Überschätze deine Möglichkeiten nicht: Die Erstversorgung ist, abgesehen von ganz kleinen und erkennbar harmlosen Verletzungen, immer nur zu dem Zweck gedacht, einen risikolosen Transport zum Arzt zu gewährleisten.

Atemerleichterung

Der Betroffene sitzt auf dem Boden. Mit dem Rücken lehnt er sich gegen dein schräg gestelltes Bein, sodass er sich mit beiden Armen hinten aufstützen kann. Rede ihm gut zu, denn heftiges Ringen um Atem erzeugt Angst vor dem Ersticken.

Atemkontrolle

Du kniest neben deinem auf dem Rücken liegenden Kameraden. Eine Hand legst du seitlich auf den Brustkorb an den untersten Rippenbogen, die andere Hand auf seine Magengrube. Wenn du mit beiden Händen spürst, dass sich Brustkorb bzw. Bauch heben und senken und dass Atemgeräusche aus dem Mund und der Nase kommen, ist dies ein sicheres Zeichen, dass dein Kamerad atmet.

Atemnot

Hier nimmt der Betroffene die eben unter »Atemerleichterung« beschriebene Sitzhaltung ein. Ist er bewusstlos, musst du ihn in die stabile Seitenlage bringen (siehe Seite 170). Gegebenenfalls musst du die Atemwege freimachen, indem du Fremdkörper aus Mund- und/oder Nasenraum entfernst. Eventuell ist eine Atemspende erforderlich.

Atemspende

Benötigt dein Kamerad eine Atemspende, ist es wichtig, dass du die Reihenfolge der einzelnen Maßnahmen genau beachtest.
→ Zunächst bringst du ihn in die Rückenlage.
→ Dann machst du seine Atemwege frei: Du drückst seinen Unterkiefer mit beiden Daumen nach unten, prüfst, ob er Fremdkörper im Mund- und/oder Rachenraum hat, und entfernst diese gegebenenfalls.
→ Dann muss sein Hals überstreckt werden: Du legst eine Hand an seine Stirnhaargrenze, die zweite an sein Kinn. Mit dem Daumen schiebst du seine Unterlippe hoch, sodass sein Mund geschlossen wird. Jetzt überstreckst du seinen Kopf mit beiden Händen in Richtung Nacken und hältst ihn fest.
→ Falls seine Atmung nicht einsetzt, musst du sofort eine Mund-zu-Mund- oder Mund-zu-Nase-Beatmung (siehe nächste Seite) durch-

Eine Atemspende kann, wie hier, mit Mund-zu-Mund-Beatmung oder mit Mund-zu-Nase-Beatmung oder Atemmaske durchgeführt werden.

Wie ihr gefährliche Situationen meistert

führen. Als einfachere Alternative bietet sich die Beatmung mit Atemmaske an, sofern eine vorhanden ist.

Mund-zu-Mund-Beatmung

Du überstreckst den Hals des Betroffenen und drückst seine Nase mit Daumen und Zeigefinger zu. Dann setzt du deinen Mund auf seinen leicht geöffneten Mund und bläst ihm Luft in die Lunge. Nach jedem Einblasen hebst du den Kopf, um selbst Luft zu holen.

Mund-zu-Nase-Beatmung

Du überstreckst den Hals des Betroffenen und verschließt mit der einen Hand durch leichten Druck gegen seinen Unterkiefer seinen Mund, während deine andere Hand seine Stirn stabilisiert. Dann umschließt du mit weit geöffnetem Mund die Nase des Betroffenen und beatmest ihn etwa 15-mal in der Minute. Nach jeder Beatmung hebst du den Kopf, um selbst Luft zu holen. Wenn sich Brustkorb und Oberbauch des Betroffenen heben und senken, ist dies ein zuverlässiges Zeichen dafür, dass er wieder atmet.

Beatmung mit Atemmaske

Am einfachsten und hygienischsten ist die Beatmung mit Atemmaske. Bei jeder Reise oder Fahrt sollte eine mitgenommen werden (in der Apotheke oder beim ADAC auch für Nichtmitglieder erhältlich). Eine Gebrauchsanweisung befindet sich in der Verpackung, Vorkenntnisse oder praktische Übung sind zur sachgerechten Benutzung nicht erforderlich.

Atemspende für Kinder

Der Hals des Kindes wird ganz vorsichtig überstreckt. Bei der folgenden Mund-zu-Mund- oder Mund-zu-Nase-Beatmung beatmest du schneller, kürzer und leichter als bei einem Jugendlichen. Kleinkinder werden 40-mal, Kinder 30-mal in der Minute beatmet.

Augenverletzung

Bei euren Abenteuern kann es leicht passieren, dass einem in der Gruppe ein Staubkorn oder ein anderer Fremdkörper ins Auge kommt, oder er verätzt sich sogar das Auge. Dann muss es richtig behandelt werden.

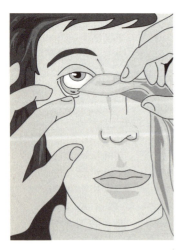

Staubkorn im Auge: Mit dem Zipfel eines Taschentuchs lässt sich der Fremdkörper entfernen.

Fremdkörper im Auge

Du ziehst das Lid des betroffenen Auges nach oben bzw. nach unten, um den Fremdkörper zu erkennen und zu entfernen. Manche Fremdkörper, z. B. Glas- oder Metallsplitter, darfst du nicht mit den Fingern entfernen. Wenn du hier auf eigene Faust herumdokterst, können durch Verschiebung oder Eindrücken des Gegenstandes noch schlimmere Verletzungen entstehen. Daher müssen unbedingt beide Augen verbunden werden, auch wenn nur eines verletzt ist. Dann bringt euren Kameraden schnell zum Arzt.

Wie ihr gefährliche Situationen meistert

Verätzungen im Auge

Ein verätztes Auge muss aus einer Entfernung von zehn Zentimetern mit absolut sauberem oder gefiltertem Wasser gereinigt werden. Die Flüssigkeit soll vom inneren Augenwinkel an der Nase zum äußeren Augenwinkel abfließen können. Befinden sich feste, ätzende Bestandteile (z.B. Kalk) im Auge, müssen sie unverzüglich mit dem Zipfel eines Taschentuchs vorsichtig entfernt werden.

Bauchschmerzen

Bauchschmerzen können die verschiedensten Ursachen haben. Aus diesem Grund ist es wichtig herauszufinden, was genau der Befindlichkeitsstörung zugrunde liegt.

Verdauungsstörungen

Handelt es sich um eine Verdauungsstörung, gibt es ein paar bewährte Mittel: Sich mehr bewegen, den Bauch massieren, viel Wasser trinken. Wenn einer mehrere Tage lang keinen Stuhlgang hat, sollte er Feigen und Pflaumen essen. Bringt dies keine Besserung, sollte er es mit einem Abführtee oder in Wasser aufgelöstem Glaubersalz (ein Esslöffel) versuchen oder Abführdragees einnehmen. Gegen Völlegefühl und drückenden Magen helfen die Arzneipflanzen Kamille, Pfefferminz und Schöllkraut.

Blinddarmreizung oder -entzündung

Nicht näher bestimmbare Schmerzen im rechten Unterbauch müsst ihr beobachten. Wenn die Schmerzen wieder aufhören, kann eine harmlose Blinddarmreizung vorgelegen haben. Die-

se ist genauestens von der akuten Blinddarmentzündung zu unterscheiden, die ihr an folgenden Begleiterscheinungen erkennt.
→ Der Betroffene hat sehr starke Bauchschmerzen sowie erhöhte Temperatur.
→ Er leidet unter Übelkeit, begleitet von Erbrechen.
→ Seine Bauchdecke ist hart wie ein Brett.

Bei der Blinddarmentzündung ist nicht der Blinddarm selbst, sondern der Wurmfortsatz (siehe Abbildung) betroffen. Nicht selten tritt sie schon im Kindesalter auf.

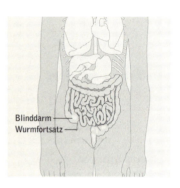

Wenn sich außer heftigen Bauchschmerzen noch keine weiteren Anzeichen bemerkbar gemacht haben, erkennt ihr eine Blinddarmentzündung daran, dass sich die Schmerzen des Erkrankten verstärken.
→ Wenn er auf der Stelle hüpft.
→ Wenn er das rechte Bein an den Oberkörper zieht.

Im Fall einer Blinddarmentzündung müsst ihr euren Kameraden sofort ins Krankenhaus bringen, damit ein lebensgefährlicher Blinddarmdurchbruch vermieden wird.

Magen-Darm-Grippe

Von dem ansteckenden Grippevirus werden im Fall der Erkrankung sicher mehrere in eurer Gruppe betroffen sein. Damit ihr eure Abenteuerreise nicht abbrechen müsst, sollten die Betroffenen Folgendes beachten:
→ Sie müssen Bettruhe einhalten und bei Bauchkrämpfen eine Wärmflasche auf den Bauch legen.

Wie ihr gefährliche Situationen meistert

→ Fetthaltige Nahrung ist verboten: Am besten zwei Tage nur Zwieback und Salzstangen essen.
→ Besserung bringt reichliche Flüssigkeitszufuhr, beispielsweise stilles Mineralwasser und Tee, gewürzt mit einer Prise Salz oder einem Tropfen Maggi, oder ein bis zwei Glas Cola.
→ Um den Elektrolythaushalt (Salz) im Körper wieder ins Gleichgewicht zu bringen, sollten die Betroffenen ab dem zweiten oder dritten Tag dreimal täglich salzige klare Brühe trinken.
→ Bei anhaltendem Erbrechen und Durchfall muss unbedingt der Arzt aufgesucht werden, der Medikamente verschreibt.

Menstruationsprobleme

Menstruationsbeschwerden können jedes Mädchen mal erwischen, auch wenn es bisher keine Probleme mit der Menstruation hatte. Die schlimmsten Bauchschmerzen treten in den ersten beiden Tagen während der »Tage« auf. Dann ist es sinnvoll, sich zeitweise hinzulegen; am besten ist die halbe Seitenlage mit einer Wärmflasche oder einem Heizkissen auf dem Bauch. Leichte Bauchmassagen helfen auch.
Wenn die Krämpfe allzu schlimm werden, verschaffen Schmerzmittel in Tabletten- oder Zäpfchenform (nach Dosierungsanleitung einnehmen!) rasche Linderung.

Bauchverletzung

Hat einer von euch z. B. beim Hantieren mit Werkzeug eine Bauchverletzung erlitten, hängt die Behandlung von der Beschaffenheit der Wunde ab. Unterschieden wird zwischen inneren und offenen Bauchverletzungen.

Innere Bauchverletzung

Wenn sich jemand einen harten Gegenstand in den Bauch gerammt hat, mit dem Bauch auf einen solchen gefallen ist oder in irgendeiner Weise (Schläge, Stöße, Tritte) Gewalt auf den Bauch ausgeübt wird, besteht die Gefahr von inneren, geschlossenen Verletzungen. Äußere Anzeichen dafür sind eine zunehmende Bauchdeckenspannung und starke Schmerzen.

➜ Der Betroffene muss sich hinlegen und eine Rolle unter die angezogenen Beine schieben – in dieser Lage wird er zum Arzt transportiert.

➜ Er darf weder essen noch trinken noch rauchen.

Offene Bauchverletzung

Bei einer offenen Verletzung deckst du die Wunde deines Kameraden mit einer keimfreien Wundauflage (aus der Fahrtenapotheke) ab und befestigst sie (beispielsweise mit einem Klebestreifen). Anschließend bringt ihr ihn liegend zum Arzt. Auch in diesem Fall müsst ihr aufpassen, dass er nichts isst, trinkt und nicht raucht.

Bewusstlosigkeit

Liegt dein Kamerad besinnungslos am Boden, prüfe zunächst, ob er noch atmen kann. Wenn nicht, musst du seine Atemwege freimachen und ihn beatmen (siehe Seite 182 f.). Kontrolliere dann seinen Kreislauf, indem du den Puls fühlst. Ist seine Atmung wieder stabil, bringst du ihn in die stabile Seitenlage (siehe Seite 170). Dann muss ein Arzt die Ursache der Bewusstlosigkeit feststellen.

Wie ihr gefährliche Situationen meistert

Bisswunde

Bisswunden können lebensgefährlich sein. Zur richtigen Behandlung musst du wissen, wer den Biss verursacht hat. Sie sind häufig auch Reißwunden. Diese müssen in jedem Fall von einem Facharzt behandelt werden.

Tierbisse

Bei Tierbissen, z. B. von einem Fuchs, besteht Tollwutgefahr. Du musst die Wunde mit Seifenwasser auswaschen und einen keimfreien Verband anlegen. Dann bringt ihr den Unglücksraben sofort zum Arzt.

Schlangenbiss

Vorab: Fass niemals eine Schlange an. Sie sind zwar hierzulande meist ungiftig, ihre Bisse können aber sehr schmerzhaft sein.
→ Meide Gebiete, in denen Schlangen leben.
→ Versuche, eine Schlange mit einem langen Stock zu verjagen, wenn sie auf deinem Weg liegt.

Einen Stauverband anlegen

Der Stauverband wird am Arm oder am Bein an der Herzseite der Wunde angelegt. Wie beim Abbinden wird ein Dreiecktuch um den Arm geschlungen oder um das Bein gebunden. Damit der Puls in jedem Fall leicht tastbar bleibt, darf nicht so fest gebunden werden wie bei der Abbindung einer Blutung (siehe Seite 190). Die Stauung unterbindet nur den Rückfluss des durch den Schlangenbiss vergifteten Blutes durch die Venen in den Körper, nicht aber die Blutzufuhr durch die Arterie. So wird verhindert, dass das Gift aus dem gestauten Körperteil in den Blutkreislauf gelangt. Das Gift wird bei der Stauung durch verstärkte Blutung ausgeschwemmt.
Wichtig: Der Stauverband darf erst nach einer Antiserumspritze durch den Arzt gelöst werden!

→ Schüttle vor dem Schlafengehen deinen Schlafsack aus, ebenso morgens Kleidung und Schuhe – Schlangen haben eine Vorliebe für solche geschützten Plätze.

Hat einen von euch trotz dieser Vorsichtsmaßnahmen mal eine Schlange gebissen, müsst ihr ihm einen Stauverband anlegen, damit sich das Gift im Körper nicht ausbreiten kann. Wenn ihr – beispielsweise weil ihr in einer unwegsamen Gegend unterwegs seid – keinen Arzt herbeirufen könnt, muss das Gift vorsichtig aus der Wunde herausgedrückt werden oder die Wunde sogar mit einem kleinen Schnitt erweitert werden, damit das Gift herausbluten kann.

Blitzschlag

Bei Herz- und Atemstillstand infolge eines Blitzschlags ist eine Atemspende (siehe Seite 182 f.) in Kombination mit einer Herzdruckmassage (siehe Seite 200 f.) erforderlich. Brandwunden müssen immer mit einem keimfreien Verband versorgt werden.

Blutung

Eine Blutung darfst du weder anfassen noch versorgen. Das heißt, du darfst sie keinesfalls auswaschen, pudern, salben oder desinfizieren. Auch Fremdkörper in der Wunde dürfen nicht entfernt werden. Du bedeckst sie nur mit einem keimfreien Tuch und verbindest sie. Alle weiteren Maßnahmen führt der herbeigerufene Arzt durch.
Eine Ausnahme bilden Blutungen, die von Tierbissen herrühren: Sie müssen sogar ausgewaschen werden.

Wie ihr gefährliche Situationen meistert

Blutungen aus einer Schlagader

Hier kann jede Sekunde lebensrettend sein. Die Blutung muss sofort zum Stillstand gebracht werden. Hierzu gibt es drei Möglichkeiten.
→ Die Schlagader wird herzwärts der Wunde abgedrückt.
→ Die Blutung wird durch einen Druckverband auf die Wunde gestoppt.
→ Reicht ein Druckverband nicht aus, muss weiter abgedrückt werden; ein Abbinden der Blutung ist zu vermeiden. Dauert das Abdrücken der Blutung länger, müssen sich mehrere Helfer abwechseln.

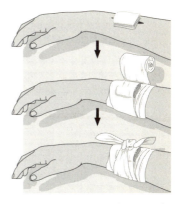

Erstversorgung einer Wunde: Abdecken mit keimfreiem Druckpolster, umwickeln mit einer Binde, fest verknoten.

Abdrücken

Durch das Abdrücken wird eine starke, nicht nachlassende oder pochende Blutung mit Druck auf die Schlagader zwischen Wunde und Herz vorübergehend unterbrochen und damit weiterer Blutverlust verhindert (siehe Seite 192 f.).

Druckverband

Ein Druckverband wird angelegt, um eine starke Blutung zu stillen, wenn ein einfacher Wundverband nicht mehr ausreicht.
→ Die Wunde wird keimfrei mit einem schützenden Druckpolster aus elastischem Material abgedeckt.
→ Dann wird die Stelle mit einem Dreiecktuch oder einer Binde mehrmals umwickelt und über dem Druckpolster fest verknotet.

Gefahr im Verzug

→ Wenn nach fünf Minuten immer noch Blut durch den Verband dringt, muss ein zweites Druckpolster darauf befestigt und umwickelt werden.
→ In jedem Fall muss das betroffene Körperteil hochgelagert und ruhig gestellt werden.
→ Falls die Blutung überhaupt nicht zu stoppen ist, muss sie abgedrückt werden (siehe eben).

Abbinden

Das Abbinden ist für den Betroffenen mit großen Gefahren verbunden und wird nur in Katastrophenfällen angewendet (z. B. wenn zu wenige Helfer vor Ort sind). Auch dann hat der Versuch, die Blutung durch Druckverband oder Abdrücken zu stillen, Vorrang.

Blitzübersicht zum Abdrücken von Blutungen

Aus welcher Ader quillt das But?	*Wie muss abgedrückt werden?*
Schläfenschlagader	Mit einem Daumendruck zwischen Augenbrauenrand und oberem Ohrmuschelrand
Halsschlagader	Mit einem Fingerdruck in der Halsmitte gegen die Wirbelsäule (niemals gegen Kehlkopf und Luftröhre drücken, nie beide Halsschlagadern gleichzeitig abdrücken)
Unterkieferschlagader	Mit einem Daumendruck gegen den waagerechten Teil des Unterkiefers vor dem Kieferwinkel
Schlüsselbeinschlagader	Mit gestrecktem Finger über der Mitte des Schlüsselbeines senkrecht nach unten

Wie ihr gefährliche Situationen meistert

Aus welcher Ader quillt das But?	Wie muss abgedrückt werden?
Oberschenkelschlagader	Mit doppeltem Daumendruck von oben nach unten in der Leistenmitte auf den darunter liegenden Knochen
Oberarmschlagader	Mit vier Fingern einer Hand in die Muskellücke auf der Oberarminnenfläche gegen den Oberarmknochen
Bauchschlagader	Mit der Faust in Nabelhöhe senkrecht gegen die Wirbelsäule

Blutvergiftung

Die als Blutvergiftung bekannte Lymphbahnentzündung erkennst du meistens leicht an roten Streifen auf der Haut, die von der Wunde in Richtung Herz führen. Zusätzlich treten schmerzhafte Schwellungen an den Lymphknoten an Leiste und Achseln auf. Der Betroffene fühlt sich sehr matt und hat Fieber. Die Wunde, von der die lebensbedrohliche Blutvergiftung ausgeht, muss hochgelagert und mit Alkoholumschlägen abgedeckt werden. Dann muss er sofort ärztlich versorgt werden.

Bruch

Bei Verdacht auf Schädel- oder Schädelbasisbruch muss das Opfer mit erhöhtem Oberkörper gelagert werden. Dann sofort den Notarzt rufen!
Knochenbrüche erkennst du an der unnatürlichen, verbogenen Stellung des betroffenen Körperteiles. Bei offenen Brüchen entsteht eine blutende Wunde, die mit einer keimfreien

Auflage abgedeckt werden muss. Versucht, das Körperteil ruhig zu stellen, damit der Verunglückte liegend zum Arzt gebracht werden kann.

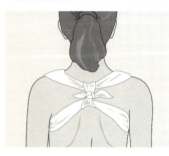

Erstversorgung von Brüchen: Unterarm (oben), Unterschenkel (Mitte), und Schulterblatt bzw. Schlüsselbein (unten).

→ **Wirbelsäule:** Vorsicht, jede Bewegung kann tödlich sein! Daher den Betroffenen nicht bewegen und ihn in der gefundenen Stellung liegen lassen. Er darf nur von ausgebildetem Personal (Sanitäter oder Arzt) transportiert werden. Dies gilt auch bei einem Beckenbruch. Falls euer Kamerad auf dem Rücken liegt, könnt ihr vorsichtig seine Beine anziehen und ihm eine Knierolle unterlegen.

→ **Rippen:** Du umknotest den Brustkorb deines Kameraden mit zwei großen dreieckigen Tüchern. Wenn er ausatmet, ziehst du die Tücher fest um den unteren Rippenrand.

→ **Ober- oder Unterschenkel, Hüfte, Knie oder Fuß:** Die gebrochenen Körperteile werden in der vorgefundenen Lage mit Decken, Kleidungsstücken oder Handtüchern stabilisiert und somit ruhig gestellt.

→ **Schlüsselbein, Schulterblatt, Schultergelenk, Ober- und Unterarm, Ellbogen- und Handgelenk:** Stellt die betroffenen Körperteile mit drei Dreiecktüchern ruhig. Diese Brüche müssen ebenfalls unverzüglich von geschultem Personal ärztlich weiterversorgt werden.

Wie ihr gefährliche Situationen meistert

Brustkorbverletzung

Der menschliche Brustkorb kann innen oder außen verletzt sein. In jedem Fall wird das Opfer heftig nach Atem ringen.

Innere Brustkorbverletzung

Davon abgesehen hustet es und hat schaumiges Blut im Mund. Verschaffe deinem Kumpel zunächst Atemerleichterung (siehe Seite 181). Die weitere Versorgung muss ein Arzt oder das Krankenhaus übernehmen.

Offene Brustkorbverletzung

In diesem Fall besteht akute Lebensgefahr für euren Kumpel. Er leidet unter schwerster Atemnot, und aus seiner Wunde dringt ein pfeifendes oder schlürfendes Geräusch.
→ Drückt die Wunde unverzüglich – ohne Rücksicht auf mögliche Keime und Infektionsgefahr oder die überaus starken Schmerzen – mit der Hand oder dem erstbesten trockenen oder feuchten Tuch fest zu.
→ Bedeckt die Wunde anschließend mit keimfreiem Material (z. B. Wundauflage), und verschließt sie luftdicht mit einem Pflaster.
→ Sorgt dafür, dass der Druck auf die Wunde und die luftdichte Abdeckung bis zur Weiterversorgung durch fachlich geschultes Personal erhalten bleibt!

Brustschmerzen

Brustschmerzen können viele ungefährliche, aber auch lebensbedrohliche Ursachen haben. Verschaffe dem Betroffenen daher als Allererstes Atemerleichterung (siehe Seite 181). Achte darauf, dass er nichts mehr verzehrt, trinkt und auch nicht raucht. Medikamente darf er nur nach ärztlicher Vorschrift einnehmen.

Epilepsie

Die Epilepsie ist eine Krankheit, die du vielleicht noch nicht kennst. Deshalb ist es wichtig, dass du Bescheid weißt, wie sie sich äußert, damit du dich im Ernstfall richtig verhältst und deinem Kameraden helfen kannst.

Diese Erkrankung kann in jedem Alter ganz plötzlich auftreten: Der Betreffende bricht auf einmal zusammen, macht zuckende, unkontrollierte Bewegungen, bekommt Krämpfe und Schaum vor dem Mund, wird bewusstlos und kann sich nach dem Anfall nicht mehr daran erinnern.

→ Halte deinen Kameraden auf keinen Fall fest.

→ Versuche, mit Kissen und Decken die Verletzungsgefahr durch seine starken Bewegungen zu verringern.

→ Bringe ihn in die stabile Seitenlage, wenn die Krämpfe vorbei sind, und prüfe, ob er Verletzungen erlitten hat.

→ Handelt es sich um einen ersten Anfall, muss er sofort zum Arzt gebracht werden, der die Ursache klärt und weiteren Anfällen durch Tabletten vorbeugt.

Erfrierungen

Leicht erfrorene Körperteile schmerzen, sind weich, blaurot und weißgrau. Sieh zu, dass der arme zitternde Tropf wieder ins Warme kommt. Aber aufgepasst: Er darf sich nur langsam aufwärmen, eine zu schnelle Erwärmung könnte einen Kreislaufschock nach sich ziehen.

Bei schweren Erfrierungen sind die in Mitleidenschaft gezogenen Körperteile gefühllos und so hart gefroren, dass sie brechen können.

Wie ihr gefährliche Situationen meistert

→ Öffne die eng anliegende Kleidung des Fröstelnden.
→ Versuche, seine steifen Finger, Hände, Zehen und/oder Füße durch Zufuhr deiner Körperwärme langsam wieder zu beleben.
→ Gib dem Fröstelnden zusätzlich Kleidung, und deck ihn zu; er darf sich nicht bewegen.
→ Flöße ihm ein warmes Getränk mit Zucker ein, das ihn von innen erwärmt.
→ Treten Hautblasen auf, musst du sie keimfrei abdecken.

Ertrinkungsopfer

Für alle von euch, die schon den Rettungsschwimmerschein haben, ist die folgende Darstellung der einzelnen Schritte eine nette Auffrischung – für die anderen ein Grundkurs!
→ Der Retter umklammert den Ertrinkenden unter Wasser mit einem Arm und hebt ihn an die Wasseroberfläche.
→ Dann fasst er ihn links und rechts am Kopf, um ihn in die Rückenlage zu bringen und so an Land zu ziehen.
→ Dort angekommen, legt er das Unfallopfer auf den Bauch und stellt sich mit gegrätschten Beinen darüber.
→ Er hebt es an den Hüften mehrfach ruckartig hoch, damit das Wasser aus dem Körper gedrückt wird.
→ Dann leitet er unverzüglich die Atemspende (siehe Seite 182 f.) ein.
→ In schweren Fällen muss eine Herzdruckmassage (siehe Seite 200 f.) gegeben werden.

Fieber

Bei Fieber kommt ihr um Bettruhe nicht herum. (In der freien Natur wird das Bett natürlich anders aussehen.) Der Patient muss viel trinken, um das Fieber auszuschwitzen, und oft die Kleidung wechseln. Fiebersenkend wirken auch feuchte kalte Wadenwickel, die unterhalb des Kniegelenks angelegt und mit einem trockenen Tuch umwickelt werden. Die Temperatur kontrolliert ihr regelmäßig mit dem Fieberthermometer. Wenn das Fieber trotz der genannten Maßnahmen nicht weichen will, müsst ihr mit fiebersenkenden Tabletten nachhelfen. Notfalls sollte die Ursache ärztlich abgeklärt werden.

Fremdkörper in Körperöffnungen

Hat einer von euch einen Gegenstand verschluckt und steckt er noch in der Luft- oder Speiseröhre, müsst ihr versuchen, ihn durch reizauslösende Maßnahmen wieder zu entfernen.

In der Luftröhre

Zwei nehmen ihn an den Armen und halten seinen Oberkörper nach vorn gebeugt, ein dritter schlägt ihm kräftig zwischen die Schulterblätter. In der Regel wird er den Gegenstand ausspucken. Notfalls müsst ihr ihn beatmen.

In der Speiseröhre

Der Betroffene sollte erbrechen: Steckt ihm also den Finger in den Hals. In Notfällen wird die äußere Zwerchfellkompression (Heimlich-Handgriff) angewendet, der den Fremdkörper förmlich aus dem Mund schießen lässt.

→ Steht oder sitzt der Betroffene, fasst du ihn von hinten um die Taille. Über seinem Bauch zwischen Nabel und Rippenbogen ballst du eine Hand zur Faust, greifst diese mit der anderen und drückst kurz, aber kräftig mehrmals die Bauchdecke nach oben in Richtung Zwerchfell.

Wie ihr gefährliche Situationen meistert

Heimlich-Handgriff: Durch Druck auf die Bauchdecke wird der verschluckte Gegenstand herausgetrieben.

→ Liegt der Betroffene, kniest du dich mit gegrätschten Oberschenkeln in Kniehöhe über ihn und legst deine Hände zwischen seinen Nabel und seinen Brustkorb. Dann drückst du kurz und kräftig auf die Bauchdecke nach oben Richtung Zwerchfell.

Gehirnerschütterung

Das Tückische an einer Gehirnerschütterung ist, dass man sie selbst zunächst gar nicht bemerkt. Wenn ihr euch also fest am Kopf gestoßen habt oder auf den Kopf gefallen seid, achtet auf folgende Anzeichen:
→ Schwindel
→ Übelkeit und Erbrechen
→ Erinnerungslücken

Diese Erscheinungen deuten auf eine leichte Gehirnerschütterung hin. In diesem Fall kommt ihr nicht umhin, mindestens zwei Tage das »Bett« zu hüten. Verschleppte oder unterschätzte Gehirnerschütterungen können schlimme Spätfolgen haben. Handelt es sich um eine schwere Gehirnerschütterung, tritt zu den bereits genannten Merkmalen noch Bewusstlosigkeit hinzu. Dann muss der Betroffene in die stabile Seitenlage (siehe Seite 170) gebracht und beatmet werden. Erlangt er das Bewusstsein wieder, muss er ruhig liegen bleiben, bis ihn fachlich geschultes Personal ins Krankenhaus bringt.

Halsschmerzen

Gegen Halsschmerzen sind viele Kräuter gewachsen: Lutsche Salbeibonbons, trink Kamillentee, oder gurgle mit drei Tropfen Teebaumöl auf ein Glas Wasser. Ein Halstuch schützt dich vor Zugluft und sieht sogar schick aus.

Heiserkeit

Trink viel Wasser oder Thymiantee, gurgle mit Kamillentee, lutsche Eukalyptusbonbons. Schleimlösende Säfte oder Brausen helfen auch.

Herzdruckmassage

Diese Notmaßnahme darf nur von erfahrenen Helfern angewendet werden, die sie technisch perfekt beherrschen. Da sie lebensrettend sein kann, sollt ihr trotzdem über sie Bescheid wissen: Die Herzdruckmassage wird nur bei Menschen mit Atem- und Herz-Kreislauf-Stillstand angewendet; auch klinisch Tote kann sie wiederbeleben. In Erste-Hilfe-Kursen wird sie an Puppen geübt.

Wenn der Puls nicht mehr tastbar ist, muss unverzüglich die Herzdruckmassage durchgeführt werden.

Bei Erwachsenen

Um die Herzdruckmassage richtig und erfolgreich durchzuführen, müssen die einzelnen Schritte mehrfach geübt und in ihrer Reihenfolge genau eingehalten werden.

Wie ihr gefährliche Situationen meistert

→ Der Patient wird auf eine harte Unterlage gelegt, seine Beine werden hochgelegt oder hochgehalten.
→ Der Helfer kniet seitlich neben ihm und bestimmt den Druckpunkt für die Massage. Er sucht das untere Brustbeinende in der Mitte des Brustkorbes; von dort aus geht er drei Fingerbreit in Richtung des Halses: Da ist der Druckpunkt.
→ Er markiert ihn mit dem Finger und legt sofort einen Handballen mit nach oben ausgestreckten Fingern darauf.
→ Den anderen Handballen setzt er mit ebenfalls ausgestreckten Fingern genau auf den ersten. (Die ausgestreckten Finger sind wichtig, damit nicht irrtümlich an falscher Stelle Druck ausgeübt wird.)
→ Dann drückt er mit gestreckten Armen unter Einsatz seines ganzen Körpergewichtes kräftig senkrecht nach unten auf das Brustbein. Wichtig ist, dass diese Druckbewegungen stoßweise und mit einer bestimmten Frequenz ausgeübt werden.
→ Zwischen den Druckbewegungen darf der Helfer seine Handballen nicht abheben, damit er den Druckpunkt nicht verliert. Wenn während dieser Massage der Puls am Hals spürbar wird, ist der Druck richtig dosiert.
→ Keinesfalls darf die Herzdruckmassage unterbrochen werden, wenn der Eindruck entsteht, dass Rippen oder Brustbein des Bewusstlosen gebrochen sind. Der Helfer muss dann jedoch Druckpunkt, Druckstärke und Druckrichtung überprüfen.

Beim Kind

Bei einem Kind wird die Herzdruckmassage mit einer Hand, beim Säugling lediglich mit einem Finger durchgeführt. Der Druck ist wegen des elastischeren Brustkörpers geringer. Der Druckpunkt liegt ebenfalls im Bereich der unteren Brusthälfte, jedoch etwas höher als bei einem Erwachsenen. Pro Minute werden 120 Druckbewegungen ausgeführt – etwas mehr als bei einem Erwachsenen.

Hitzeschaden

Kein lästiges Muss: Zu zweit kann das gegenseitige Eincremen mit Sonnenmilch recht lustig sein.

Einen Hitzeschaden könnt ihr leicht davontragen, wenn ihr euch – vor allem im Hochsommer zwischen 11 und 15 Uhr – ohne Kopfbedeckung zu lange in der Sonne aufhaltet. Die typischen Merkmale sind:
→ Blasse Hautfarbe
→ Schwacher Puls
→ Schwächegefühl
→ Kalter Schweiß
→ Schüttelfrost

Sorgt dafür, dass sich euer Kamerad sofort an einen schattigen Platz begibt. Gebt ihm mindestens einen Liter Wasser mit zwei darin aufgelösten Teelöffeln Salz oder – falls vorhanden – Mineralwasser zu trinken. Bringt ihn dann in die stabile Seitenlage (siehe Seite 170) und beatmet ihn gegebenenfalls.

Hitzschlag

Die typischen Anzeichen sind: hochroter Kopf, heiße und trockene Haut, hohes Fieber, auffallend teilnahmsloser Gesichtsausdruck. Es besteht akute Lebensgefahr, daher den Patienten kühl lagern, die Kleidung öffnen, ihn in die stabile Seitenlage bringen, eventuell beatmen. Feuchte kalte Tücher kurz auf den Kopf legen und erneuern. Dabei Luft zufächeln (siehe auch »Sonnenstich«, Seite 207).

Wie ihr gefährliche Situationen meistert

Husten

Du musst viel trinken, mindestens drei bis vier Liter am Tag, vor allem schleimlösende Tees (z. B. Eukalyptus- oder Thymiantee). Schleimlösende Bonbons lutschen hilft auch. Verhalte dich möglichst ruhig, vermeide körperliche Anstrengung. Den Auswurf darfst du nicht runterschlucken – spuck ihn aus!
Wenn der Husten anhält und der Schleim nicht abgehustet werden kann, musst du einen Arzt aufsuchen (siehe auch »Lungenentzündung«, Seite 205).
Ein Arzt muss auch aufgesucht oder herbeigerufen werden, wenn der Husten von hohem Fieber, Hautausschlag und/oder starken Kopfschmerzen begleitet ist.

Insektenstich

Hat einen von euch ein Insekt gestochen, hängt die Behandlung davon ab, wo die Einstichstelle ist.
→ **Auf der Haut:** Betupf die Schwellung mit Spucke, Essig oder Insektensalbe. Zeigt der Betroffene allergische Reaktionen, hat er möglicherweise einen Schock erlitten. Dann bringt ihn schnell ins Krankenhaus – es besteht akute Lebensgefahr!
→ **In der Mundhöhle:** Da die Atemwege schnell anschwellen, besteht akute Erstickungsgefahr. Gebt dem Betroffenen Eis zu lutschen, beruhigt ihn, und bringt ihn auf dem schnellsten Weg ins Krankenhaus.

Vorsicht vor Bienen, Wespen und Hummeln, wenn sie um zuckerhaltige Getränke schwirren: Ein Stich in die Mundhöhle kann zur Erstickung führen.

Gefahr im Verzug

Stachel entfernen

Steckt der Stachel der Biene oder Wespe noch in der Haut, kannst du ihn vorsichtig mit einer Pinzette herausziehen. Dann muss die Schwellung behandelt werden.
Außer mit Spucke, Essig oder Salbe kannst du die Stelle auch mit deinem Urin einreiben, denn Urin ist steril. Das mag zwar unappetitlich klingen, ist aber ein ganz altes Pfadfindermittel gegen Insektenstiche.

Kopfschmerzen

Kopfschmerzen können bei einem Wetterumschwung oder Kreislaufproblemen auftreten, aber auch den Beginn einer Erkältung oder eine Gehirnerschütterung (siehe Seite 199 f.) anzeigen. Der Betroffene muss sich schonen und viel schlafen. Bei stärkeren oder anhaltenden Schmerzen nimmt er Tabletten oder Zäpfchen.

Lawinenopfer

Ist der Verschüttete gefunden worden, wird er vorsichtig an einen sicheren Ort gebracht. Genaues zum weiteren Vorgehen – oder wie du dich verhältst, wenn du selbst von einer Lawine verschüttet worden bist – erfährst du auf Seite 168 ff.

Lebensmittelvergiftung

Habt ihr den Verdacht, dass sich einer von euch z. B. durch den Genuss von verdorbenem Fleisch vergiftet hat, bringt ihn mit einer Salzlösung zum Erbrechen und schafft ihn sofort zum

Wie ihr gefährliche Situationen meistert

Arzt (weitere Hinweise unter dem Stichwort »Vergiftung«, Seite 213 ff.).

Lungenentzündung

Die typischen Anzeichen einer Lungenentzündung, die durch Erreger verursacht wird, welche über die Atemwege in die Lunge gelangen und dort herdförmige Entzündungen hervorrufen, sind:
→ Anhaltender harter, trockener Husten
→ Schwächegefühl
→ Fahle Gesichtsfarbe
→ Schwindelgefühl
→ Schüttelfrost
→ Sehr hohes Fieber

Bringt euren Kameraden unverzüglich zum Arzt, denn eine verschleppte, unbehandelte Lungenentzündung ist lebensgefährlich.

Nasenbluten

Bei einer leichten Blutung legst du den Kopf leicht zurück, bei einer starken Blutung lässt du das Blut aus dem Mund laufen. Ein kalter Umschlag auf dem Nacken hilft, die Blutung zu stillen.

Ohnmacht

Ausgelöst wird eine Ohnmacht durch eine vorübergehende Mangeldurchblutung im Gehirn. Bringt den Betroffenen in die stabile Seitenlage und fächelt ihm frische Luft zu.

Ohrenschmerzen

Die sehr schmerzhafte Mittelohrentzündung wird von hohem Fieber begleitet – sie muss mit Antibiotika behandelt werden. Ohrenschmerzen, die in direktem Zusammenhang mit einer Erkältung auftreten, können durch bewährte Hausmittel rasch gelindert werden:

→ Sehr viel Flüssigkeit aufnehmen, damit die Bakterien aus dem Körper geschwemmt werden.

→ Eine frische Zwiebel reiben, auf ein heißes Baumwolltuch geben und auf das Ohr legen – sie zieht die Entzündung heraus. Ist eine Zwiebel nicht zur Hand, kann das Tuch auch mit 70-prozentigem Alkohol getränkt werden.

→ Auf eine freie Nasenatmung achten – daher mehrmals täglich Nasenspray in beide Nasenlöcher sprühen (für Kinder nicht geeignet!).

→ Den Kopf beim Schlafen höher legen als sonst, am besten ein zweites Kissen unterschieben.

Quetschung

Die gequetschte Stelle muss gekühlt werden. Bei großflächigen Quetschungen gebt ihr dem Betroffenen zwei Teelöffel Salz in Wasser aufgelöst zu trinken.

Schock

Jeder Schock kann lebensgefährlich sein, gleich ob er durch einen Unfall (auch als Unbeteiligter), eigene Verletzungen, Krankheiten oder allergische Reaktionen – z. B. nach einem Insektenstich – ausgelöst wurde. Typische Anzeichen sind:

→ Blässe

Wie ihr gefährliche Situationen meistert

→ Kalte Haut
→ Schneller und schwächer werdender Pulsschlag
→ Frösteln
→ Schweiß auf der Stirn
→ Unruhe und Angstgefühl

Du musst deinen betroffenen Kameraden sofort in die Schocklage bringen: Du drehst ihn auf den Rücken und nimmst seine Beine hoch, sodass sie senkrecht in die Luft ragen; in dieser Position hältst du ihn eine Zeit lang. Dann bringst du ihn in die stabile Seitenlage (siehe Seite 170).

Sonnenbrand

Die in Mitleidenschaft gezogenen Hautstellen sind sehr rot und bilden Blasen. Tupfe sie vorsichtig mit einer kühlenden Creme ab, in schweren Fällen hilft eine kortisonhaltige Creme; setze sie nicht mehr der Sonne aus. Wenn sich nach einigen Tagen die Haut zu erneuern beginnt, behandle sie weiter mit einer kühlenden Pflegecreme.
Zur Vermeidung von Sonnenbrand solltest du deine Haut in der heißen Jahreszeit grundsätzlich bei jedem Aufenthalt im Freien mit einem Sonnenschutzmittel eincremen. Auch bei bedecktem Himmel entfalten die UV-Strahlen ihre gefährliche Wirkung.

Sonnenstich

Der Betroffene hat einen heißen, hochroten Kopf, Kopfschmerzen, einen steifen Nacken, Schwindelgefühl, Übelkeit und Erbrechen. Seine Körperhaut fühlt sich kühl an. Er ist sehr unruhig, kann aber auch das Bewusstsein verlieren.

Gefahr im Verzug

Dann haben Kinder oft einen blassen Kopf und anhaltend hohes Fieber.
→ Bring deinen Kameraden in den Schatten.
→ Lagere seinen Kopf hoch, und bedecke ihn mit nassen Tüchern, die du laufend erneuerst.
→ Bring ihn dann in die stabile Seitenlage (siehe Seite 170), und beatme ihn gegebenenfalls.

Stromunfall

Wenn ihr bei einem Ausflug in der freien Natur versehentlich durch Strom gesicherte Viehzäune berührt, bekommt ihr nur einen kleinen Stromschlag auf die Finger. Vor diesem Leichtstrom weichen Mensch und Tier bei einer Berührung sofort zurück. Deine Hand zuckt nur etwas, eine ernsthafte Verletzung oder bleibende Schäden brauchst du nicht zu befürchten. Eher fügst du dir eine Schramme durch die schreckhafte Bewegung zu. Anders ist es bei Unfällen mit Haushalts- oder Gewerbestrom: Bei einer Berührung verkrampfen sich die Muskeln. Der Unglücksrabe klebt förmlich an der Leitung fest und kann sich nicht befreien. In einem solchen Ernstfall ist es ganz wichtig, dass du dich richtig verhältst, um ihm zu helfen und dich gleichzeitig nicht selbst in Gefahr zu bringen.
→ Trenne ihn – sofern der Strom nicht sofort abgeschaltet oder un-

Das Kraftfeld von Starkstrommasten mit einer Spannung über 1000 Volt ist noch in zehn Meter Entfernung wirksam und lebensgefährlich.

Wie ihr gefährliche Situationen meistert

terbrochen werden kann (ausschalten, Stecker ziehen, Sicherung herunterklappen) – mit einer Holzlatte von der Stromleitung, oder zieh ihn an seiner Kleidung weg. Berühre auf keinen Fall seine nackte Haut!

→ Stell dich, um dich selbst dabei nicht der Gefahr auszusetzen, auf eine isolierende Unterlage, beispielsweise auf ein Brett, auf eine dicke Zeitung, ein Bündel Kleidungsstücke oder auf eine Gummimatte.

→ Halte, wenn die Stromspannung über 1000 Volt liegt (erkennbar am roten Blitzpfeil des Strommastes), einen Abstand von mindestens zehn Metern zum Opfer ein, um nicht selbst in das Kraftfeld der Spannung zu geraten und dabei vom Strom getroffen zu werden.

→ Sorge dafür, dass in diesem Fall sofort das E-Werk benachrichtigt wird – der Strom muss abgeschaltet werden! Erst dann ist die Möglichkeit gegeben, dass der Verunglückte aus seiner Lage befreit wird.

→ Versuche nun, den Geretteten ruhig zu stellen, kontrolliere Atmung und Puls. Bei Herzstillstand ist eine Herzdruckmassage (siehe Seite 200f.), bei Atemstillstand eine Atemspende (siehe Seite 182f.) notwendig. Bewusstlose werden in die stabile Seitenlage (siehe Seite 170) gebracht, Brandwunden müssen mit einer keimfreien Auflage abgedeckt und vom Arzt weiterbehandelt werden.

Transport von Verletzten

Häufig kommt es – wie z. B. beim eben erwähnten Stromunfall – vor, dass eine verunglückte und verletzte Person zunächst aus einer gefährlichen Lage befreit werden muss, bevor medizinische Maßnahmen eingeleitet werden können. Um die bestehenden Verletzungen nicht noch zu verschlimmern, musst du die richtigen Griffe kennen, mit denen du das Unfallopfer bergen helfen kannst, wenn ihr gerade zur Stelle seid. Doch aufgepasst: Schwerverletzte dürfen nach der ersten Bergung nur von ausgebildetem Rettungspersonal ins Krankenhaus transportiert werden; bei Verdacht auf eine Wirbelsäulenverletzung den Verletzten immer liegen lassen und nur von ausgebildetem Personal bergen lassen!

Tragring (zwei Helfer)

Ein Dreiecktuch wird zu einem Ring verknotet. Die beiden neben dem Verletzten stehenden Helfer halten ihn mit ihrer äußeren Hand. Ihre auf der Innenseite liegenden Arme verschränken sie zu einer Rückenlehne. Der Verletzte hält sich links und rechts an den Schultern der Helfer fest.

Rautek-Rettungsgriff (ein Helfer)

Der Helfer geht in die Hocke. Von hinten hebt er den Verletzten mit beiden Armen unter dessen Achseln hoch und fasst mit den Händen dessen übergeschlagenen Unterarm. Er wird mit den Füßen nach vorne rückwärts vorsichtig fortgeschleift.

Aufheben von der Seite (drei Helfer)

Die drei Helfer knien an der unversehrten Seite des Verunglückten und schieben vorsichtig ihre Arme unter seinen liegenden Körper. Auf Kommando heben sie ihn gleichzeitig hoch und legen ihn auf eine Trage, wobei einer seinen Kopf stützt.

Aufheben im Grätschstand (drei Helfer)

Drei Helfer stehen im breiten Grätschstand über dem Verunglückten und fassen ihn an der etwas eingedrehten Kleidung

Wie ihr gefährliche Situationen meistert

an. Dann heben sie ihn gleichzeitig hoch und legen ihn auf eine Trage, wobei einer den Kopf stützt. Wenn ihr auf die Schnelle keine Trage herbeischaffen oder provisorisch anfertigen könnt, nehmt ihr Decken oder größere Kleidungsstücke als Ersatz.

Unterkühlung

Zunächst bringt ihr den zitternden Kameraden an einen windgeschützten Ort oder besser in einen Raum mit Zimmertemperatur. Dort tauscht ihr seine nasse Kleidung gegen trockene aus und legt ihn, den Kopf leicht nach unten geneigt, hin. Gebt ihm ein heißes und süßes Getränk. Ist er bewusstlos, bringt ihr ihn in die stabile Seitenlage (siehe Seite 170). Weitere Erste-Hilfe-Maßnahmen gegen Unterkühlung sind unter dem Stichwort »Erfrierungen« auf Seite 196 nachzulesen.

Verätzungen

Verätzungen durch chemische Laugen und Säuren sind sehr schmerzhaft. Zwar kannst du dem Verletzten erste Hilfe leisten, der anschließende Transport ins Krankenhaus ist jedoch in jedem Fall unausweichlich. Vergesst nicht, das Ätzmittel mitzunehmen, damit der Arzt die richtigen Behandlungsschritte einleiten kann.

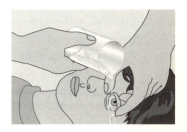

Verätzung: Auge, wie hier, Haut und innere Organe können betroffen sein.

Haut

Der betroffene Hautbereich muss bis zur ärztlichen Behandlung un-

unterbrochen mit Wasser abgespült werden, und zwar so, dass das abfließende Wasser möglichst nicht mit der gesunden Haut in Kontakt kommt. Wenn kein fließendes Wasser in der Nähe ist, müsst ihr eure Wasservorräte anzapfen. Schickt einige los, damit sie Nachschub an frischem Wasser heranschaffen. Sollte überhaupt kein Wasser zur Verfügung stehen, müssen die Verätzungen vorsichtig abgetupft werden.

Mundhöhle, Verdauungsorgane

In diesem Fall heißt es: Dem Verletzten reichlich Wasser zu trinken geben; unbedingt verhindern, dass er sich erbricht, weil das Erbrochene den Mund und den Rachenraum zusätzlich verätzen könnte.

Zu Augenverätzungen siehe unter »Augenverletzungen«, Seite 184 f.

Verbrennungen

Solltest du einmal in die Situation kommen, dass du einem aus eurer Gruppe, dessen Kleider Feuer gefangen haben, erste Hilfe leistest, dann gib Acht, dass das Feuer nicht auf dich übergreift. Um die Schwere einer Verbrennung richtig einschätzen zu können, hilft dir der Überblick auf Seite 214. Bei der Rettung beachtest du immer folgende Regeln:

→ Der Löschstrahl darf nicht auf das Gesicht einer Person gerichtet werden.

→ Brennende Personen müssen festgehalten, zu Boden geworfen, mit Wasser übergossen oder mit Decken abgedeckt und dann auf dem Boden hin und her gewälzt werden.

→ Verbrannte Kleidungsstücke oder sonstige Verbrennungsrückstände, die fest am Körper des Opfers haften, dürfen weder gewaltsam noch »sanft« entfernt werden.

Wie ihr gefährliche Situationen meistert

Die Schwere der Verbrennung

- Bei Verbrennungen 1. Grades ist die Haut rot, entzündet, und der betroffene Bereich schmerzt stark. Die verbrannte Stelle muss so schnell wie möglich mindestens zehn Minuten lang unter fließendes kaltes Wasser gehalten werden. Dann wird sie mit einem nassen kalten Lappen umwickelt. Dieser muss bis zum Abklingen der schlimmsten Schmerzen in regelmäßigen Abständen erneuert werden.

- Bei Verbrennungen 2. Grades bilden sich Blasen auf der Haut. Auch hier muss mit Wasser und nassen Lappen gekühlt werden. Bei offenen Wunden wird nach dem Abkühlen ein Mullverband angelegt. Gegen die außerordentlich starken Schmerzen sollten Schmerzmittel genommen werden. Nach zwei Tagen kann die Wundheilung mit aloehaltigen Lotionen oder Spezialheilsalben nachhaltig unterstützt werden.

- Verbrennungen 3. Grades (rohes, verbranntes Fleisch, in die Haut gebrannte Kleidungsreste) dürfen nur vom Arzt behandelt werden.

- Für die drei Verbrennungsgrade gilt gleichermaßen: Kein Puder, keine Salben, keine Desinfektionsmittel, kein Mehl verwenden!

→ Verletzten Personen muss augenblicklich ein salzhaltiges Getränk löffelweise eingeflößt werden, damit ihr Körper den starken Verlust an Salz, Wasser und Gewebeflüssigkeit ausgleichen kann. In Unglücksfällen bewährt haben sich zwei Teelöf-

Gefahr im Verzug

fel Kochsalz, möglichst noch mit einem Teelöffel Natriumbikarbonat in einem Liter Wasser verrührt.

→ Verbrennungen an Armen und Beinen werden 15 Minuten lang ständig mit kaltem Wasser gespült oder in kaltes Wasser gehalten, bis die schlimmsten Schmerzen vergehen; dann die Wunden mit einem frischen Leinentuch oder einem Brandwundenverbandtuch keimfrei abdecken.

→ Brandwunden am übrigen Körper werden nur mit einer keimfreien Auflage abgedeckt.

→ Verbrennungen im Gesichtsbereich keinesfalls abdecken, sie benötigen Frischluftzufuhr.

Vergiftung

Dieses Thema ist schon unter dem Stichwort »Lebensmittelvergiftung« (siehe Seite 204) angesprochen worden. Hier findest du nähere Erläuterungen, zumal Vergiftungserscheinungen nicht nur durch den Verzehr verdorbener Lebensmittel, sondern auch durch das Einatmen schädlicher Substanzen hervorgerufen werden.

Durch Essen/Trinken

Die typischen Anzeichen einer Vergiftung durch Essen oder Trinken sind: plötzlich auftretende Übelkeit, anfallartige Krämpfe, Erbrechen und Durchfall, Schaum vor dem Mund, starke Speichelbildung, Lähmungserscheinungen, ein unnatürlich langsamer oder schneller Puls, Bewusstseinstrübung oder Bewusstlosigkeit, Aufgeregtheit, übermäßige Heiterkeit bis hin zur Euphorie, Atemstörungen, Atemstillstand, blasse oder gerötete Gesichtsfarbe, weit geöffnete Pupillen. In den meisten Fällen treten aber nur einige der hier genannten Merkmale auf.

→ Bring deinen kranken Kameraden in die Seitenlage.

→ Beatme ihn, wenn er das Bewusstsein verloren hat.

→ Versuche, ihn zum Erbrechen zu bringen, indem du ihm stark salzhaltiges Wasser einflößt oder den Finger in den Hals steckst.
→ Hat eines der Kids versehentlich einen Zigarettenstummel verschluckt, muss auf der Stelle der Notarzt verständigt werden.

Durch Einatmen

Gift kann auch über die Atmung in deinen Körper gelangen. Atemgifte entstehen z. B. in Viehfuttersilos, Gärkellern, Brunnenschächten und bei jedem Feuer. Damit euer Kumpel aus einem der gefährdeten Bereiche sicher herausgeholt werden kann, musst du Folgendes wissen:
→ Für die Bergung ist grundsätzlich die Feuerwehr oder der Technische Hilfsdienst zuständig – also schnell alarmieren!
→ Helfer ohne Atemschutzgerät – das könntest auch du sein – müssen während der gesamten Rettungsaktion die Luft anhalten.
→ Bei der Bergung aus z. B. mit Kohlendioxid (durch Feuer) verseuchten Räumen muss der Helfer mit einem Seil gesichert werden, damit er sich bei Gefahr (wenn er selbst bewusstlos zu werden droht) zurückziehen kann.
→ Wenn der Verletzte geborgen wurde, wird er, sofern er bewusstlos ist, in die stabile Seitenlage (siehe Seite 170) gebracht und beatmet (siehe Seite 182 f.).

Giftnotrufzentrale

Vor jeder Fahrt oder Tour sollte euer Gruppenleiter die Telefonnummer der nächstgelegenen Informationsstelle für Vergiftungsfälle mitnehmen. Diese ruft er bei Verdacht auf eine Vergiftung sofort an. Folgende Fragen sollte er der Giftnotrufzentrale beantworten können:
→ Welches Gift wurde genommen?
→ Wie viel davon wurde genommen?
→ Wann wurde die Substanz eingenommen?

Gefahr im Verzug

Eine Notrufsäule in allernächster Nähe zu wissen kann das Leben eines akut erkrankten Gruppenmitglieds retten. Beschränkt euch auf die wichtigsten Fragen (siehe Seite 215 unten und 216 oben)!

→ Welche Symptome zeigt der Betroffene?
→ Wie alt und wie schwer ist er?
→ Welche Maßnahmen wurden bereits ergriffen?

Dann sorgt er schnellstens für ärztliche Weiterbehandlung. Diese wird erleichtert, wenn Reste oder die Verpackung des Gifts zum behandelnden Arzt mitgenommen werden.

Verkehrsunfallhilfe

Wirst du Zeuge eines Verkehrsunfalls oder bist du an ihm beteiligt, sorge, soweit es dir möglich ist, dafür, dass sofort ein Warndreieck aufgestellt wird. Du oder ein Helfer warnt dabei den Gegenverkehr, indem er seinen ausgestreckten Arm – bes-

Wie ihr gefährliche Situationen meistert

ser noch: ein rotes Tuch, wenn vorhanden – senkrecht von oben nach unten schwenkt; im Dunkeln hält er eine Taschenlampe in der winkenden Hand.
Die weiteren Schritte sind dann:
→ Möglichst schnell die Rettungsdienste alarmieren.
→ Personen aus Fahrzeugen bergen und in sicherer Entfernung (vor Verkehr oder Explosion) lagern.
→ Zur Personenbergung verklemmte Türen ohne Rücksicht auf weitere Schäden aufbrechen, eventuell Scheiben einschlagen, dabei aber Verletzungen der Personen durch Glassplitter vermeiden (siehe auch »Transport von Verletzten«, Seite 209 f.)
→ Ist an einer Verkehrsunfallstelle Benzin ausgelaufen, besteht akute Explosionsgefahr. Rauchen ist strengstens verboten!

Verrenkung, Verstauchung

Behandle die betroffene Körperstelle so, als wäre sie gebrochen (siehe »Bruch«, Seite 193 f.). Versuche nicht, den Knochen einzurenken; lege eventuell einen Stützverband an, ansonsten nur mehrere Tage ruhig stellen. Kühle Kompressen verschaffen Linderung.

VERLETZUNGEN VORBEUGEN

Die beste Nachricht für euch kommt zu guter Letzt: Zwar kann man sich gegen Verletzungen nicht rundum schützen, dennoch ist Gesundheit keine reine Glückssache – sie kann ähnlich trainiert werden wie andere Fähigkeiten, z. B. Klavier oder Fußball spielen.
Anders gesagt: Jeder sollte sich fit halten – dann sind Muskeln und Gelenke gestärkt, und man hat genug Kraft, um gefährliche Situationen zu meistern.

Wer morgens an der frischen Luft das folgende 10-Minuten-Fitness-programm absolviert, nimmt seine Gesundheit selbst in die Hand. Die Übungen eignen sich auch für zwischendurch bei Spielen und Wettkämpfen und machen in der Gruppe sowieso mehr Spaß!

Das 10-Minuten-Fitnessprogramm für Pfadfinder

Stärkung des Kopfs und des Halses

➜ Massiere mit den Fingern und den Handflächen mehrmals Kopf und Gesicht.

➜ Knete die Muskeln an Nacken und Kehle.

Stärkung der Schulter

➜ Rolle die Schultergelenke mehrmals nach vorne und dann genauso oft nach hinten.

➜ Streck beide Arme ganz weit nach hinten, umfasse deine Hände.

➜ Drück den Brustkorb weit nach vorne und die Schultern nach hinten.

➜ Knete dann die Schultermuskeln.

Stärkung der Brust und der Lunge

➜ Presse beide Handflächen vor der Brust fest zusammen. Zähle bis fünf, und lass dann kurz los; entspannen und wieder zusammenpressen – zehnmal wiederholen.

➜ Stell die Beine hüftbreit auseinander, beuge den Oberkör-per leicht nach vorn. Setz dann beide Arme im rechten Winkel am Boden auf, und press die Schulterblätter bewusst und fest zur Wirbelsäule – zehnmal wiederholen.

➜ Beuge dich mit dem Oberkörper nach vorn, und lass die Arme mit zusammengelegten Handrücken herunterbaumeln. Richte dich auf, und schwing die Arme rückwärts über deinen Kopf,

Wie ihr gefährliche Situationen meistert

bis sie wieder unten hängen. Heb den Kopf, und atme langsam aus, während du das Wort »Danke« hauchst. Beuge dich dann wieder ausatmend vornüber, schwing die Arme nach vorn, und atme die Restluft fest aus. Sprich dabei ganz bewusst die Zahl Eins für die erste Runde aus – zwölfmal wiederholen.

Stärkung der inneren Organe

→ Stell dich aufrecht hin, die Beine hüftbreit auseinander.
→ Streck die Arme waagerecht vor, und schwing sie beide in die gleiche Richtung nach links und rechts.
→ Atme dabei gleichmäßig durch die Nase ein und durch den Mund wieder aus – zwölfmal wiederholen.

Stärkung des Rückens und des Rumpfs

→ Stell dich aufrecht hin, die Beine hüftbreit auseinander.
→ Heb beide Arme mit verschränkten Fingern über den Kopf.
→ Schwing sie so herum, dass die Hände einen großen Kreis zeichnen.
→ Achte darauf, dass sich dein Körper dabei von den Hüften aus kreisförmig nach allen Seiten mitbewegt, sodass du sehen kannst, was hinter dir geschieht.
→ Atme beim Rückwärtsschwingen ein, beim Vorwärtsschwingen wieder aus.
→ Führe diese Übung insgesamt je sechsmal nach der rechten und nach der linken Seite aus.

Stärkung des Magens, des Darms und der Waden

→ Stell dich gerade hin, und heb die Hände hoch.
→ Streck dich nach hinten, so weit du kannst, und atme ein.
→ Beuge dich vor, und berühre mit den Fingerspitzen die Zehen und, wenn du es schaffst, den Boden.

→ Achte darauf, dass die Knie dabei durchgedrückt bleiben – zwölfmal wiederholen.

Stärkung der Beine, der Füße und der Zehen

→ Stell dich hin, und verlagere dein gesamtes Körpergewicht nach vorn auf die Fußballen.
→ Stütz die Hände in die Hüften, und drück die Knie nach außen, so weit du kannst.
→ Geh dann ganz tief hinunter in die Hocke.
→ Steh auf, streck dich, und geh anschließend wieder in die Hocke – zwölfmal wiederholen.

Stärkung des ganzen Körpers

→ Lächle und lache, so breit und so oft du kannst – das ist die beste Möglichkeit, deinem Körper und deinem Geist Kraft zu schenken.

Die Glieder gestärkt und mit einem Lächeln in den Morgen – nun kann ein neuer Tag voll Abenteuer kommen, der durch nichts zu erschüttern ist.

Register

AB-Päckchen 18, 98, 106
Achterschlingen 71
Allergiepass 15
Anglerknoten 71
Ankerknoten 71
Äquidistanz 37 f.
Arbeitswerkzeuge 62
Armbanduhr als Hilfskompass 29
Atemspende 182 f.
Augenverletzungen 184 f.
Ausnahme-/Extremsituationen 14
Ausrüstungs-Checkliste 16 f.
Axt 63

Baden-Powell, Robert 9 f.
Bärentatze (Rezept) 90
Bauchschmerzen 185 f.
Baumarten und ihre Eigenschaften 68
Bäume
 – fällen 64 f.
 – richtungsweisende 32 f.
 – schützen 67
Baumsäge 63
Beeren 74, 106, 115 f.
Beerensuppe 91
Bewusstlosigkeit 188
Bisswunden 189 f.
Biwaksack 164
Blitzschlag 172, 190
Blutgruppe 15
Blutungen 190 f.
Blutvergiftung 193
Brennnessel-Rahmspinat 113
Brillen als Feuerzeug 82
Brombeeren 74
Brüche 193 f.
Bucheckern 75
Bügelsäge 63
Bünde 72

Camp an der Felswand 59
Chronik 19

Diagonalbund 72
Dreibeinfeuer 80, 84
Dunkelheit 39 f., 164

Eisflächen 178
Eiszelte 165 f.
Erfrierungen 196
Erste-Hilfe-ABC 178 ff.
Ertrinkungsopfer 197
Eskimos und Feuer 81 f.

Fährtenarchiv 45 f.
Fahrtenapotheke 180
Fahrtenmesser 62
Feldbett 61
Festbrennstoffkocher 85
Feuerholz, geeignetes 77
Feuerkunde 78 f.
Feuerstelle vorbereiten 77
Fieber 197 f.
Fisch grillen 79
Fischerknoten 72
Flaggensignale 53
Flaschenknoten 79
Fleisch grillen 88
Flöße 62, 65 f.
Flüssigkeitszufuhr 99 ff.
Fotoapparate als Feuerzeug 82
Fremdkörper in Körperöffnungen 198
Fußabdrücke 45 f.

Galgenfeuer 80
Gänseblümchensalat 110
Gaskocher 85
Geheimzeichen 48

221

Register

Gehirnerschütterung   199 f.
Gewitter   172 ff.
Giftpflanzen   120
Grabenfeuer   79
Grillanzünder   77
Großer Wagen   31
Grubenfeuer   79
Gruppenspiele   47, 129

Heidelbeeren   75, 115 f.
Heilpflanzen   108 ff.
Heißer Stein   96
Heliograph   19 f., 49
Herzdruckmassage   200 f.
Himbeeren   74
Himmelsrichtungen
   – ermitteln   29, 33 f.
Hirtenfeuer   80
Hitzeschaden   202
Höhenmesser   20
Holunderblütensirup   114
Huflattichtee   110
Hüttenplatz   56 ff.

Iglu   166
Impfpass   15
Indianerbackofen   97
Indianerbehausungen   56 ff.
   – Baumhaus   59 f.
   – Waldhöhle   57
   – Zelt   56 f.
Indianerfladen   93
Indianerrezepte   88 ff.
Indianerspiele   147 ff.
Indianerwitze/-sprüche   143 ff.
Insektenstiche   203
Isohypsen   37
Isomatte   61

Kanu, volles (Rezept)   91
Kiefernnadelnbadezusatz   109
Kiowa-Kartoffel   94
Klopfsignale   49
Knoten   69 ff.
Kochen unter freiem Himmel
   82 ff.
Kocher   85

Kochgeschirr   20, 83
Kochkiste   86
Komantschen-Reissalat   96 f.
Kompass   20, 26 ff., 33 f., 39
Kompassrose   27 f., 34
Kondenswasser   105
Körpersignale als Geheimzeichen
   48 f.
Kote   86 f.
Kreuzbund   72
Kreuzknoten siehe Weberknoten,
   gekreuzter
Küchenrucksack   83 f.
Küchenzelt   86
Kühlschrank, selbst gebauter
   87 f.

Lagerfeuer   8, 67 f., 176
Lagerküche siehe Küchenzelt
Landkarte   33 f.
Längsbund   72
Lawinengefahr   167 ff., 204
Leatherman   20
Leiter   61
Lichtsignale   19, 49 f., 161 f.
Löwenzahnsalat   112
Luftmatratze   61
Luftrettung   161 f.
Lungenentzündung   205

Mais, gegrillter   95
Marschkompass siehe Kompass
Mastwurf   71
Maßstab bei Landkarten   35 f.
Morse, Samuel Finley Breese   49
Morsealphabet   49 ff., 161
Morsezeichen   19, 49 ff.
Müllentsorgung   7

Nahrung aus der Natur   106
Nasenbluten   205
Natur, Umgang mit der   7 f.
Naturmatratze   61
Navajo-Brot   94 f.
Nebel   39 f., 164
Notrufnummern   15
Notsituationen, mögliche   14

Register 223

Ohnmacht 205
Ohrenschmerzen 206
Orientierungshilfen 26

Pagodenfeuer 78
Pemikan, kleiner (Rezept) 92 f.
Pfadfinder 9 ff.
Pfadfinder-Ehrenkodex 11, 57
Pfadfinderrevier 41
Pionierbauten 62 ff.
Polarstern 31
Polynesierfeuer 79
Popcorn 90
Prärie-Spieße 93

Quelle 57, 100 f.

Regenwasser 100
Rettungsschlinge 71
Rettungsschwimmen 67
Runen 41 f.

Säge 63
Schneehöhle 165
Schnitzeljagd 39
Schock 206 f.
Seilkunde 69 ff.
Selbstvertrauen stärken 14
Semaphoralphabet 42
Sioux-Saft 95 f.
Sonnenbrand/-stich 207 f.
Sonnenstand 30 f.
SOS-Notruf 161 f.
Spezial-Wanderkarten 37 f.
Spiele 122 ff.
Spuren lesen 44 ff.
Steinschlag 170 f.
Sternfeuer 78
Stromunfall 208 f.
Survival, Definition 14
Survival-Werkzeug 20 f.

Tagebuch siehe Chronik
Tannennadeltee 89
Taschenlampe 40
Tau 100 f.
Tierfährten 44, 102

Tipis siehe Indianerbehausungen
Trinkwasser 57, 99 ff.
Trompetenstich 71

Überleben ohne Vorräte 98, 106 f.
Überlebensausrüstung 15, 98 f.

UIAA 69
Unterkühlung 211
Unwetter, Verhalten bei 21

Verantwortungsgefühl stärken 14
Verätzungen 211 f.
Verbände anlegen 189 f.
Verbrennungen 212 f.
Vergiftung 204, 214 ff.
Verkehrsunfall 216 f.
Verletzte transportieren 209 f.

Waldbrände 176 f.
Walderdbeeren 74 f.
Wanderkartenlegende 38
Wasser
  – aus dem Meer 105
  – aus Pflanzen 104 f.
  – aus Wurzeln 104
  – unter Bäumen 102 f.
Wasserfundorte 102 ff.
Wassergraben 56 f.
Weber- und Samariterknoten 70
Weberknoten, gekreuzter 70
Wegwartensalat 116
Wegzeichen, geheime 41 f.
Wettergefühl entwickeln 22
Wetterregeln der Indianer 22
Wettervorhersage 21, 24 f.
Wettspiele 129 ff.
Wigwams siehe Indianerbehausungen
Wildschweine 44, 164
Windrose siehe Kompassrose
Wolkenformen interpretieren 23 f.

Zehn-Minuten-Fitness-Programm
  218 ff.
Zeltplatz 56 ff.
Zimmermannsknoten 71
Zimtapfel, geschmorter 89

BILDNACHWEIS

Getty Images, München: 13 (Walter Hodeges), 76 (Mats Lindgren), 121 (Britt Erlanson), 163 (Eric Simonsen), 202 (Peter Cade), 208 (Gandee Vason), 220 (Mike Brinson).

Ifa, München: 55 (Chromosohm Media I), 90 (AP&F), 159 (R. Maier).

Südwest Verlag, München: 179 (Matthias Tunger).

Zefa, München: 32 (Lenz), 43 (Index Stock), 73 (G. Baden), 111 (Krecichwost), 147 (K.+H. Benser), 203 (Bach), 216 l. (Hackenberg), 216 r. (Schroll).